A caro amigo

com votos de paz.

/ /

Ricardo Di Bernardi

Flávia
Sonhos e Regressões

Flávia, Sonhos e Regressões

Editor: *Luiz Saegusa*
Assistente Editorial: *Cláudia Saegusa*
Capa: *Thamara Fraga*
Projeto gráfico e diagramação: *Gerson Reis e Pedro Japiassu Reis*
Estúdio Japiassu Reis
Revisão: *Cristina Lourenço*
1ª Edição: *2011*
Impresso no Brasil *Printed in Brazil*

Esta obra foi editada anteriormente por outra editora, com o mesmo conteúdo e título.

Intelítera Editora

Rua Lucrécia Maciel, 39 – Vila Guarani
CEP 04314-130 – São Paulo – SP
11 2369-5377
www.intelitera.com.br

Dados Internacionais de Catalogação na Publicação (CIP)
(Câmara Brasileira do Livro, SP, Brasil)

Di Bernardi, Ricardo
Flávia : sonhos e regressões / Ricardo Di Bernardi. -- 1. ed. -- São Paulo : Intelítera Editora, 2011.

1. Espiritismo 2. Regressão (Psicologia) 3. Romance brasileiro I. Título.

11-05111 CDD-133.93

Índices para catálogo sistemático:
1. Romances mediúnicos : Espiritismo 133.93

ISBN: 978-85-63808-12-7

Ricardo Di Bernardi

Flávia
Sonhos e Regressões

InteLítera
EDITORA

Sumário

Esclarecimentos

COSTUMO VIAJAR EFETUANDO PALESTRAS e seminários pelo Brasil afora e também no exterior. São cidades encantadoras e alguns países com muita história. Na Itália, sinto algo especial, indefinível, um fascínio que não sei explicar. Aliás, talvez saiba. Este livro é uma demonstração disso. Há anos escuto a frase: "Dr. Ricardo, quando o senhor vai nos oferecer um romance?" Sempre respondo que não é do meu feitio, que meus escritos primam pela informação, pelo estudo e pela pesquisa.

Certa vez, quando estive em Manaus, conheci algumas pessoas que fizeram um comentário interessante. Disseram, com certa convicção, que no meu inconsciente havia um romance para ser escrito. Naquela época, não valorizei muito a informação, mas nunca a esqueci.

Não sou médium psicógrafo, pelo menos não tenho consciência dessa faculdade. Mas, de modo curioso, quando iniciei este romance, não tinha ideia do que viria a escrever. Os meus personagens foram surgindo naturalmente, quase como uma surpresa para mim. Tenho certeza de que muito deste livro provém do meu inconsciente, de arquivos ou arquétipos vivos do meu passado. Apesar de os fatos serem reais, os nomes de meus personagens são fictícios, a fim de preservar a intimidade das pessoas. Procurei, no transcorrer dos diálogos e dos acontecimentos, transmitir um considerável volume de informações reais. Esta obra, portanto, apresenta-se como um romance didático. Em função da complexidade de certos termos e siglas que necessitei usar, sugiro observar o glossário no final do livro.

Passei a amar meus personagens e, agora, que terminei de escrever, já estou com saudades de todos eles.

Florianópolis, verão de 2009
O autor

Agradecimento

A TODOS DO MUNDO FÍSICO E EXTRAFÍSICO que me enviaram energias de luz e amor durante a elaboração deste livro. Recebam indistintamente o meu carinho especial.

O autor

1

Linus

George falecera inesperadamente. A notícia do seu desaparecimento deixara Linus, no primeiro momento, em estado de perplexidade.

Amigos de longa data, companheiros de estudos e aventuras desde a infância, a morte súbita de George parecia mais ser uma daquelas brincadeiras de muito mau gosto. "Por quê?", indagava Linus, buscando com um olhar vago as prateleiras de sua vasta biblioteca. "Como um homem de 55 anos, na plenitude física, pelo menos era o que aparentava, pudera ter sua vida ceifada tão brutalmente pela morte?", pensava.

O laudo médico assinalara infarto do miocárdio, o que para Linus parecia tão surpreendente quanto traumático. A notícia inesperada provocara em Linus um verdadeiro estado de choque. Ainda na véspera, estavam a combinar o almoço de fim de semana com direito ao *pay-per-view* vespertino do jogo Milan x Juventus de Turim.

Ao contrário de Linus, cujo maior exercício era jogar xadrez e, segundo o amigo, pesquisar temas exóticos em seus livros, George caminhava todas as manhãs, ocasionalmente jogava tênis e mantinha uma dieta relativamente cuidadosa, tanto que já avisara Linus que, no domingo, podia reservar espaço na churrasqueira para um peixinho não gorduroso.

Diva, esposa de George, ligara cedo avisando. Chorava copiosamente ao telefone, mas, como a mulher equilibrada que Linus admirava, não fizera estardalhaço. Um choro de dor, de perda, mas transparecendo uma estabilidade psicológica pouco comum à média das pessoas.

"Como consolar alguém se não aceito nem compreendo o que aconteceu?", pensava Linus. Durante o telefonema, procurou ser forte, conter o choro pela morte do "mano", como afetiva e mutuamente se chamavam.

Na manhã seguinte, teria de enfrentar o cemitério. Desta vez não seria apenas um enterro, mas "o enterro" de alguém muito próximo, seu melhor amigo. Naquele dia não conseguiu trabalhar. Psicólogo clínico, com abundante e seleta clientela, pediu à secretária que avisasse os clientes do falecimento de seu irmão. Caminhou durante horas, o que não era característica sua, tanto que no dia seguinte sua musculatura protestou com veemência.

O enterro foi, como todos, desagradável. Fora destacado para a "honrosa" função de segurar o caixão. Durante o trajeto, procurou olhar as folhas de plátano caindo, ver os pássaros, distrair-se para não pensar no que estava fazendo, nem sofrer tanto, mas num dado momento seria inexorável olhar a face de seu "mano," pálida como cera, ver aquele caixão baixando, e a terra cobrindo-o.

Olhou novamente as folhas de plátano caindo. Linus adorava vê-las douradas caindo no outono. Fixou-lhes o olhar e murmurou.

— Folhas que vão caindo registrando o pretérito, almas se esvaindo imbuídas em mistérios – lera isto em algum lugar? Ou criara agora?

Nunca fora poeta, nem acreditava em almas, surgira-lhe espontaneamente aquele pensamento.

E chegara o momento. Como imaginara, assim foi. E agora

isso lhe dava uma sensação de impotência e de falta de significado da vida. Olhava para Diva, sentia sua dor e admirava sua postura. Sabia que ela e George tinham uma certeza íntima da continuidade da vida após a morte, coisa que não podia compreender em pessoas cultas e inteligentes como o casal de amigos.

Observava as lágrimas que escorriam pelo rosto da amiga e seus olhos vermelhos. Gostaria de dizer algo, mas naquele momento não era o psicólogo, era mais um que chorava internamente, como se o peito fosse rasgado por uma dor profunda. Novamente, fitava Diva e admirava seu ar equilibrado, que parecia transpirar dignidade e nobreza de caráter. "O choro de uma mulher educada e espiritualizada", pensava ele.

Mas, afinal, o que significaria ser espiritualizada? Diva e George não eram religiosos. George o presenteara com alguns livros sobre Transcomunicação Instrumental, que, segundo pudera entender, seriam pesquisas com aparelhos capazes de estabelecer contato com o transcendental, o que equivale a dizer com espíritos. Não tivera maior interesse no assunto, mesmo porque almas, fantasmas ou espíritos não faziam parte do seu vocabulário, muito menos de seu interesse.

"Será que George continuaria a viver em outra dimensão?" Agora abrira espaço para essa questão. "Diva acredita nisso", pensava Linus ao retornar do cemitério. "Afinal, por que existimos? Será que tudo termina, realmente, debaixo desse barro úmido?"

Desejava voltar a pé para casa, mas a musculatura doía demais. Ligou o carro, um Skoda 2009 novinho em folha. Colocou um CD de relaxamento e automaticamente conduziu o veículo até a residência.

Ainda não havia conseguido chorar. Lembrou-se do quão importante é permitir-se chorar, como dizia aos pacientes, e, chegando ao seu quarto, pranteou o amigo.

2

O sonho

Encharcada de suor, Flávia acordara ao meio da noite com o estranho sonho que tivera. Apesar de não ter sido propriamente um pesadelo, sentia-se taquicárdica e arfante.

Acendeu as luzes da cabeceira, um gracioso abajur, imitação de fonte antiga, onde uma camponesa acariciava um cisne. Abriu lentamente seus belos olhos azuis, fixou o relógio e balbuciou:

— Três e vinte... *Mamma mia*!

Acordada, livrou-se do excesso de cobertas, sentindo-se mais confortável e aliviada. Abriu completamente os olhos, procurando relembrar a longa e detalhada experiência onírica que experimentara.

Havia sonhado com Roma antiga, vira-se muito mais jovem e bela, escutando o poeta Ovídio, que declamava em uma festa. Sentia-se embevecida pela argúcia e profundidade dos versos do escritor e poeta. Lembrava-se ainda, em seu sonho, de uma frase proferida por ele: "E amanhã não seremos o que fomos nem o que somos".

Sentada em um divã, ao estilo das patrícias romanas, observava próximo de onde se acomodara um mancebo, a seu ver, belo como Apolo. O jovem estava de pé, fingindo estar atento aos versos declamados. Sua expressão parecia-lhe familiar embora estranhamente tivesse a certeza de nunca tê-lo visto.

— Não o conheço, mas sinto-o como um conhecido – dizia consigo mesma.

— Deve ser o vinho, deve ser o vinho – repetia Flávia.

Ao acordar, desfilavam em sua mente os fatos como se fossem acontecimentos vivenciados, um sonho muito forte!

Tentou puxar o bloco de notas ao lado do abajur, ainda exausta da respiração arfante e da taquicardia que a acometera. Tencionava escrever os detalhes. Logo desistiu, e recomeçou a esforçar-se para recordar os pormenores do sonho.

— Eu vivi aquelas cenas, é mais que um sonho – dizia a si mesma.

— São recordações do meu passado, preciso entender melhor o que aconteceu.

Expandiu seu inconsciente buscando reter as vivências e voltava a descrever-se como percebera no sonho.

Viu-se vestindo esvoaçante traje azul-celeste, cabelos louros, levemente cacheados, e presos atrás por delicado enfeite dourado. O ambiente parecia-lhe seleto, e nada ali lembrava os habituais excessos gastronômicos e as orgias tão comuns na Roma antiga. A austeridade de seu pai, o velho senador, impunha-se na casa.

Jovens de ambos os sexos trajando saiotes brancos com enfeites e cintos negros circulavam oferecendo taças de vinho e iguarias entre os convivas. Flávia participava confiante de todos os eventos em sua casa, eventos sempre regados a vinho, mas ricos em poesia, música e apresentações artísticas das mais diversas.

O pai, homem culto e admirado pela firmeza de atitudes no Senado Romano, era temido e invejado pela amizade que lhe devotava o poderoso César. Enquanto César vivesse e reinasse, seu pai era intocável.

Flávia era a filha amada, ostensivamente preferida pelo pai, o que lhe granjeava um misto de rancor e ciúme não só dos irmãos, mas sobretudo da própria mãe, a mal-humorada Sílvia, que via na filha uma competidora mais jovem e talentosa.

O sonho parecia tão real quanto vívido. Continuava a observar o jovem rapaz. Flávia, admirada, erguera as sobrancelhas ao perceber que o jovem fizera um gesto negativo, embora polido, recusando-se a encher novamente sua taça de vinho, conforme sugestão dos circulantes.

— Enfim um sóbrio, ou seria temporariamente sóbrio?

Pensava e murmurava baixinho, ajeitando seus perfumados dedos por entre os trançados de ouro das novas sandálias que o pai havia lhe trazido do Egito.

O jovem mancebo parecia muito mais interessado em olhá-la furtivamente do que em prestar atenção aos versos e prosas de Ovídio. Apesar de ser também um amante da cultura greco-romana, nada lhe parecia mais belo que uma escultura viva e de pele rosada. De pé, fitava a bela jovem, filha do senador, mas temia ser imprudente, precoce ou inconveniente na abordagem de tão atraente e nobre criatura.

Entretida com a rememoração do seu sonho, assustou-se com o soar do telefone. Contrafeita, ergueu-se, abandonou seus pensamentos e levantou o fone.

— Pronto!

Do outro lado reconhece a voz de Diva, sua amiga.

— Flávia, querida, desculpe estar ligando tão cedo.

— Diva! Que saudade! Não se preocupe, estou acordada já há três horas, tive um sonho incrível e...

Foi interrompida pelo choro do outro lado da linha.

— Diva? O que aconteceu?

— Flávia, desculpe, mas George faleceu subitamente – disse soluçando baixinho.

— *Dio mio!!!* Querida, sinta o meu abraço carinhoso. *Oh, Dio!!!* Saio de Bardolino após o café e viajo para Milão em seguida para te encontrar. Quer conversar um pouco, agora?

Diva retém o choro, e, com voz embargada, acrescenta:

— Querida, infelizmente tenho que avisar alguns parentes e amigos, nos vemos depois, obrigada pelo seu carinho, recebi suas energias.

Flávia colocou o fone no gancho e sentiu desaparecer toda a emoção do seu sonho. Sentira mais a dor da amiga do que propriamente a morte de George. Diva entrara para sua vida na infância, brincaram muito juntas, aprontaram traquinagens, participaram, quando jovens, de excursões por toda a Itália e seus pais, agora já no crepúsculo da vida, ainda mantinham laços de amizade entre eles.

George, ao contrário, entrara na vida de Diva posteriormente, era uma excelente pessoa, mas, mesmo sem intenção, foi um fator que as afastara de um convívio constante, culminando na transferência de Flávia para Bardolino, há dois anos.

Flávia era artista plástica, adorava pintar, fazer peças de artesanato e cerâmica. Fora casada, tinha dois filhos. Separara-se do pai dos jovens ao saber que ele mantinha uma relação extraconjugal, o que definitivamente não podia absorver. Fora um choque para ela e, no momento, adorava estar só, e assim permanecia com exceção das visitas eventuais dos filhos, agora já adultos, que estudavam em Gênova.

Morava em uma agradável residência na tranquila Bardolino, à beira do Lago di Garda. Fora tudo o que conseguira na separação judicial, mas vivia em paz. Bardolino, mesmo invadida por turistas no verão, que buscavam as águas do lago, conseguia manter uma vida serena, segura e sem os ruídos de Gênova, onde viviam os filhos, ou de Milão, onde passara a infância.

Adorava levantar cedo, caminhar pela orla pavimentada que

margeava o lago e, na volta, andar descalça, sandálias nas mãos, sentindo nos pés as águas límpidas do lago.

Admirava a algaravia dos patos silvestres, sempre mansos, que aceitavam miolos de pão. Emocionava-se quando nasciam os filhotes. Era magnífico vê-los na água em fila indiana seguindo os adultos. Nada a faria trocar aquela paisagem ou a beleza do sol se pondo nas águas por qualquer outra experiência da metrópole.

Ah, e os cisnes! Os cisnes a encantavam. Elegantes, suaves, majestosos. O Lago di Garda sempre oferecia esse presente aos que o visitavam: o charme, como dizia Flávia, das adoradas aves. Flávia, quando criança, aprendera com o pai que os cisnes formavam casais monogâmicos. Isso a deixava feliz. Acreditava que seu amor deveria pertencer a apenas um homem e a recíproca devesse ser verdadeira.

Hoje, seu passeio matinal, rotina já de longa data estabelecida, seria suprimido. Restava agora decidir como viajaria a Milão. Sua preferência sempre fora percorrer aquele trajeto usando a ampla e organizada malha ferroviária italiana. Assim, costumava viajar de trem, que lhe permitia olhar os campos, anotar, efetuar esboços e posteriormente pintar. Sentia um enorme prazer nessas viagens, pois podia observar toda a beleza da Lombardia. Apreciava fotografar colinas, rios, restos de muralhas medievais, enfim, diversos elementos para seu arquivo pessoal. Além disso, para sua alma nostálgica, estar no trem sempre lhe dava uma sensação de volta ao passado. De repente, veio-lhe um curioso pensamento.

— Se for verdade que existem vidas passadas, já viajei muito de trem.

Não possuía mais filhos pequenos como outrora, que, muitas vezes, danificaram seus esboços e arquivos. Sorriu, ao se lembrar de quantas vezes perdera trabalhos interessantes nas mãos das então crianças. Hoje, tanto Pietro como Caio chamavam seu gigantesco armário dos esboços de "Cavalo de Troia", pois, segundo os rapazes, a qualquer momento sairiam lá de dentro surpresas criativas.

"Só mesmo os meninos para uma expressão tão guerreira e sem poesia", pensava e, ao mesmo tempo, imaginava como seria sua vida se tivesse filhas: "Seriam como ela?" Apesar disso, amava intensamente seus *bambini*, eles nunca lhe deram qualquer dissabor e sempre souberam respeitar a situação dos pais separados.

"Se for de carro, poderia passar em Sirmione", pensara consigo mesma.

Sirmione é uma pitoresca cidadezinha situada a cerca de 20 quilômetros de Bardolino, também às margens do Lago di Garda. O sonho de Flávia, acalentado há muitos anos, seria fazer uma grande exposição com obras de sua autoria no castelo de Sirmione. Tratava-se de uma imponente construção medieval, com enorme fosso e ponte levadiça na frente, mas dando fundos para o Lago.

O fosso, que fazia continuidade com o Lago, permitia o trânsito dos patos e cisnes que ela tanto amava. As ruas de Sirmione, especialmente as próximas ao castelo, eram estreitas, típicas dos feudos antigos, mas muito floridas e elegantes.

Lembrou-se, então, que ficara de deixar um *depliant* de algumas de suas obras com um intermediário interessado na pretendida exposição em Sirmione. Decidiu que viajaria de carro. Aquele projeto a atraía muito, não deixaria de passar rapidamente por lá.

Arrumou a mala com carinho. Extremamente caprichosa como era, Flávia lembrou-se por um momento como o ex-marido fazia com as malas dele, um caos total.

— Hoje o dissabor de ver aquela confusão nas malas estaria sendo "saboreado" pela sua nova companheira.

Flávia, na realidade, não nutria rancor nem ressentimento pelo ex-marido, procurava sempre lhe enviar boas energias mentais, mas se divertia com essas ideias. Desejava de todo o coração que ele fosse feliz, embora não acreditasse muito nisso, pela falta de maturidade psicológica do ex-consorte.

— Já fui "mãe" dele o suficiente, agora bastam meus dois *bambini* que, preciso botar na cabeça, já não são *bambini*, são adultos. *Mamma mia!* Como é difícil! Lembrou-se sorrindo que eles, ao lerem mitologia grega, a chamavam de Fênix, a ave protetora.

Ao clarear do dia colocou sua *macchina* na estrada. Embora preferisse estar se deleitando com seus esboços no trem, pelo menos passaria em Sirmione. Seguiu pela S249, e, vinte minutos depois, estava diante do belíssimo castelo. Saltou do carro, enlevou-se alguns minutos com a bucólica paisagem, admirando os patos, cisnes e um infindar de aves que se exibiam ao redor, para em seguida entrar e entregar o *depliant*.

De Sirmione a Milão seriam aproximadamente 160 quilômetros. Estrada de intensa movimentação, que já exigira em alguns trechos a construção da quarta *corsia* nos dois sentidos. Conferiu as moedas e notas pequenas para os pedágios que encontraria, colocou-os à mão, e seguiu viagem.

Enfim, poderia voltar a analisar seus sonhos da véspera. Tudo que lera sobre sonhos nunca a satisfizera. Manuais, almanaques, revistas ou livros, desde os mais simples até a literatura especializada sobre fenômenos oníricos, já havia buscado e rebuscado, mas obtivera só decepção: inúmeras teorias, hipóteses e opiniões que se contradiziam. A conclusão a que chegara é que algum conhecimento básico da essência humana deveria estar faltando ao *homo sapiens*.

Depois de Sirmione, buscaria a movimentada A4, maravilhosa autoestrada que a levaria direto a Milão. Seu Smart, o mais novo minimodelo da Mercedes, que comporta apenas duas pessoas e um mínimo de bagagem, desempenhava a contento de sua dona, que não costumava exceder o limite dos 130 quilômetros por hora permitido na autoestrada. Ao seu lado, mas nunca na sua *corsia*, voavam outras máquinas em velocidades próximas aos 200 quilômetros horários.

— Quem me dera estar no interior do trem. Tanta correria me parece coisa de adolescente.

Observou a placa de sinalização.

— Brescia daqui a 15 quilômetros. Mas já? Bem, com relação à estrada não há do que me queixar.

— *Mamma mia!* Pedágio outra vez!

Flávia sempre fora amplamente favorável à privatização das autoestradas, o que acabou sendo mesmo uma inevitável realidade. De fato, hoje todos percebiam que os pedágios passaram a permitir uma rigorosa manutenção e o embelezamento das rodovias italianas.

Voltara a recordar-se do sonho da véspera.

— Qual seria o significado do que sonhei? Ou, por outro lado, será que estamos condicionados à obrigação de extrair algum significado simbólico dos sonhos? Seriam os sonhos sempre símbolos? Ou haveria alguma realidade nesses sonhos?

Flávia não havia concluído qualquer curso superior, no entanto sempre fora amante da leitura. Em sua casa, a biblioteca ocupava algumas paredes. Conhecia diversas correntes de psicologia, inclusive as modernas transpessoal e terapia regressiva a existências passadas.

Frequentava em Verona, Gênova, Milão, Roma e Florença inúmeros congressos da área psicológica, quando facultados ao público não especializado. Adquiria os livros mais recentes e interessava-se por questões polêmicas do parapsiquismo humano. Não se alinhava a qualquer filosofia e, em família, lamentava que seus irmãos e irmãs se limitassem aos conceitos judaico-cristãos tão medievais.

Algum tempo atrás, havia lido que determinados sonhos seriam mergulhos da nossa consciência nas águas profundas do inconsciente ou, de outra forma, dir-se-ia serem registros inconscientes de um passado distante que afloravam à superfície da nossa consciência.

Esse passado distante equivaleria a vidas pretéritas, ou encarnações anteriores. Autores mais ousados concebiam a possibilidade de sermos uma individualidade, porém como o resultado do somatório de diversas personalidades já vividas.

Seríamos como artistas da vida, não apenas o personagem atual, mas como se já tivéssemos representado diversos papéis no palco da existência, aumentando nosso aprendizado.

Sermos nós artistas da vida. A ideia lhe agradava. Mas o sonho não lhe saía da mente, e voltou a filosofar.

— Se somos um somatório de vidas, talvez, durante o sono, essas impressões do passado possam vir à tona através de sonhos. Seriam alguns sonhos desse gênero? Seriam as percepções daquele sonho fatos do meu passado?

— Aquela romana não era outra pessoa, era eu mesma. No entanto, poderia ser uma fantasia do meu inconsciente, uma criação ou um desejo de que eu fosse assim?

Lembrou-se de que havia uma história. Seu pai, o senador, a mãe, irmãos, e um jovem bastante interessante. Mas ponderou: "Interessante só no caso da personalidade que vivenciei no sonho, pois hoje seria quase mãe daquele jovem!" Durante alguns minutos, buscou na mente todos os detalhes. Lembrava-se minuciosamente das vestes, em especial a sua. Não só das vestes mas de toda a figura do pai, que, no sonho, era-lhe muito significativa. Havia um forte sentimento que a ligava a ele, indubitavelmente um sentimento de puro amor filial e de admiração.

Observava a sinalização, já havia passado Brescia há algum tempo.

— Bérgamo, 15 quilômetros. Ufa! Não falta muito, depois

de Bérgamo, outras cidades menores, depois Monza, e logo chego. Deixe-me ver, 15 quilômetros mais 48 de Bérgamo a Milão são 63, se eu não correr, mantendo uma média de 126 quilômetros por hora, daria meia hora. Mais 15 para a entrada na cidade, 45 minutos no total. Bem, até estacionar em Milão, e isso é o que mais demora, daria um total de uma hora no máximo!

Puxa seu celular, liga para Diva.

— Oi, querida!

— Flávia? – Diva falava com a voz ainda embargada pelo choro frequente.

— Não! É *Babbo Natale!*

Diva misturou uma lágrima com um sorriso.

— Olha só! Nossa amiga Flávia, tão séria, fazendo graça!!!

— Só faço pra gente muito especial e de confiança, certo maninha?

— Certo, Ina.

Só os irmãos de Flávia a chamavam assim, Ina, diminutivo de bambina, Diva sabia disso. Usar o apelido íntimo da família era o mesmo que dizer: também te considero minha irmã.

— Diva, olha, chego à sua casa em uma hora, no máximo.

— Como você sabe, não temos garagem.

— É o preço de morar em Milão, estou lembrada, um beijo, querida!

Após o telefonema, Diva voltou a pensar no falecimento de George e no enterro que deveria enfrentar, uma lágrima solitária escorreu novamente e murmurou.

— Por quê? Meu Deus, por quê?

Flávia continuou o restante da viagem tentando se recordar e reter todos os detalhes do seu sonho. Haveria de encontrar um especialista que pudesse desvendar o que teria acontecido. O problema é que já não acreditava muito na psicologia convencional, mas, por outro lado, seu temperamento metódico e prudente não lhe permitiria se deixar envolver por qualquer explicação esotérica.

Lembrando-se que Diva deveria estar envolvida com muitos problemas, e não querendo lhe dar mais transtornos, programara chegar a Milão já com a refeição feita. Além disso, seria pouco provável que alguém se preocupasse com alimentação em dia de enterro. Por isso, passara no autogrill para completar o tanque do Smart e aproveitara para se instalar com todo o conforto no bom restaurante. Ali, sim, era possível optar por várias modalidades de refeição rápida e até mesmo almoçar condignamente.

Na autoestrada A4, o autogrill mais próximo de Milão sempre lhe causara admiração. Construído sobre todas as *corsias*, cruza, por cima da estrada, toda a largura da A4. Um amplo e envidraçado espaço permite, a quem ali faz sua refeição, observar os veículos passando por baixo do autogrill em altíssima velocidade. Ao lado, um amplo estacionamento, com acesso muito bem estruturado, enfim, um orgulho para os italianos amantes das estradas. Agora estava bem próximo a Milão.

— Deixe-me ver, a melhor entrada seria pela via Certosa. Tudo bem, agora eu sigo pela Sempione até o centro de Milão. Passo pelo parque ao lado do Castelo Sforzesco e daqui é mais fácil!

Buzinou ao chegar. Logo se arrependeu, com a alegria de rever a amiga esquecera-se que não era uma visita de aniversário, mas de funeral. Um casal a olhou fixamente como a reprová-la. Envergonhada, disfarçou como pôde. Estacionou em um dos espaços demarcados com retângulos azuis, o que em toda a região significava o único espaço permitido aos não residentes.

Ajeitou rapidamente os cabelos.

3

Diva

O SÚBITO FALECIMENTO DO MARIDO, que tanto amava, deixara-lhe um vácuo na alma. Jamais havia pensado nessa possibilidade, exceto em brincadeira. Havia se casado com George por amor. Foram três anos de preparo, de mútuo conhecimento, e mais 19 anos de casados. Tinha apenas uma filha de 18 anos, Isabella. A menina sempre fora delicada, sonhadora, pouco interessada nos estudos e apreciadora de trilhas ou aventuras ecológicas em bosques próximos das cidades circunvizinhas.

Diva olhou-se no espelho.Viu os lindos olhos verdes, quase irreconhecíveis pela vermelhidão. Rosto edemaciado pelo choro. Decidiu repetir o banho que tomara há pouco. Bastou sentir o fluxo de água quente pelo corpo para reduzir a tensão muscular e envolveu-se, como uma criança, pelo toque da água quente do chuveiro.

— Logo completo 45 anos. Quantos anos viverei com Isabella e como me sentirei quando ela seguir seu caminho, ou seja, casar-se? Quantos anos pela frente eu terei na vida, sem a convivência de alguém que foi meu companheiro do dia a dia?

Pensou em seu marido. Ele também adorava banho quente. Lembrou-se como George se acomodava na banheira e ficava com os olhos fixos, distante, pensando. Tudo na casa falava da história de ambos. Lavou os cabelos longos, castanho-claros, sedosos e lisos, com um xampu de sua preferência, à base de aloe vera. Enxugou-se, resolveu vestir uma blusa verde, sua predileta. Ao vestir-se, lembrava George dizendo:

— Gosto dessa cor, fica bem em você.

Acabara de se aprontar quando percebeu uma buzina. Reconheceu, pelo som, o Smart de Flávia. Desceu em direção ao carro, quase correndo, e abraçou a amiga.

— Flávia! Que saudade da minha amiga.

— Eu também, querida!

Abraçaram-se demoradamente, num misto de tristeza, dor e alegria.

Diva conteve o pranto, deixando apenas escapar uma lágrima solitária.

—Diva, desculpe a buzinada, por um instante o hábito e o reflexo venceram a razão e...

— Pode até buzinar de novo. Se todos que aqui estão viessem com a alma tão cheia de sinceridade como você, seria muito bom.

Flávia, embaraçada, mudou de assunto.

— Já fiz um lanche antes de chegar, não quero nada.

— Puxa! Nem havia te perguntado, ainda.

Riram-se ambas.

— Bem, vou me servir daquele café que está circulando entre as visitas.

— A geladeira é sua, sirva-se, espero que você não aja diferente de como sempre agiu.

Entraram. Flávia cumprimentou algumas pessoas. Depois, ao ficarem a sós, perguntou.

— A propósito, você quer desabafar um pouco comigo?

— Não... Vamos ver minhas plantas.

Diva, apesar do espaço limitado de seu belo apartamento, cultivava com esmero uma quantidade respeitável de flores. Possuía uma boa literatura a respeito e não se limitava ao trivial, aprofundara-se no conhecimento de orquídeas e violetas.

— Os beija-flores têm aparecido? – indagou Flávia.

— Sempre.

— Você troca a água diariamente?

— Com certeza, isso é básico. Assim não se desenvolvem fungos e bactérias nocivas aos pássaros.

Os três bebedouros coloridos costumavam receber diversas avezinhas, mas os beija-flores sempre se sobressaíam aos outros em número, encantando as visitas.

— Diva, aquela pergunta que a gente não sabe como fazer, mas precisa: como você está?

— Ina, maninha, a dor é grande, é uma dor diferente de tudo. Estaria mentindo se dissesse que estou bem, mas tenha a certeza que vencerei esta fase.

Flávia, lembrando-se dos conceitos espiritualistas da amiga, indaga-lhe:

— Diva, sei das suas ideias acerca da continuidade da vida, como você acha que George poderia estar na outra dimensão da existência? Não é assim que você chama a "outra vida"?

— Pode ser, há muitas maneiras de se designar o mundo extrafísico, mas "outra dimensão da existência" cabe bem. A vida continua, continuamos a existir, só que em outra dimensão.

— Você imagina que George já teria consciência de sua nova realidade?

— Talvez ainda não. Foi muito recente, mas logo deverá ter, pois ele não leva condicionamentos ou bloqueios nesse sentido.

— Como assim?

— Aqueles que têm uma posição fixa, irredutível no sentido de não admitirem a continuidade da vida, criam bloqueios mentais que dificultam a percepção da nova realidade. O mental segue conosco na dimensão espiritual.

— Então, logo ele deverá estar desperto, lúcido, é isso?

— Assim espero.

— George acreditava na vida após a morte – acrescenta Flávia.

— Não diria que ele apenas acreditava, conhecia bem o assunto. Ele leu muito, pesquisou seriamente, além disso, era dotado de uma percepção extrassensorial muito desenvolvida.

Flávia estava ansiosa para falar à amiga de suas novas leituras, estudos e, sobretudo, do seu interessante sonho. O assunto estava naturalmente caminhando por trilhas que levavam a temas afins ao seu interesse. Aproveitava a chance.

— Ultimamente tenho procurado me informar sobre essas questões espirituais. Há pouco, concluí a leitura de um interessante livro de Raymond Mood Júnior, *Vida após a Vida*.

Diva sorriu.

— Fico feliz. Mais um assunto de interesse comum para conversarmos, mais um tema de diálogo com minha amiga. Esse livro é aquele que aborda casos de morte clínica nos hospitais? Pessoas que recobram a consciência por massagens cardíacas e outros processos e depois narram o que viram? Muito interessante.

— Esse mesmo – confirmou Flávia.

— Você pode observar que o autor é um pesquisador, não um religioso.

— Sim, Dr. Mood Jr. coloca várias possibilidades do que poderia ter acontecido, tentando explicar por causas naturais. Aos poucos, exclui diversos fatores. Por exemplo, detecta que os anestésicos usados não eram sempre os mesmos. Logo não se poderia atribuir à composição química do anestésico os fenômenos vivenciados pelos pacientes ressuscitados, fossem fenômenos reais ou fossem alucinações.

— Sim, isso ficou bem definido no livro.

— No caso de George, que era médico, como ele explicaria as percepções das pessoas no momento em que estavam sendo massageadas, ou sob a ação daquele aparelho, o desfibrilador? Elas narram que se sentiram fora do corpo biológico, olhando de cima, do alto, para seu corpo físico. Essa visão de fora do próprio corpo físico não seria decorrente de lesão nas células nervosas que ocasionariam uma ilusão?

Entusiasmada pelo tema, Flávia adiciona.

— Interessante também que os pacientes pesquisados relatam terem assistido a uma espécie de filme da sua própria vida e se sentiram, além de expectadores, os próprios atores do filme, isto é, vivenciaram a experiência. Dizem ter efetuado uma recapitulação de toda a sua vida nos seus aspectos mais importantes. Uma falta de oxigênio no cérebro não poderia determinar esse fenômeno?

— Segundo George me havia dito, a falta de oxigênio no cérebro poderia provocar algum distúrbio ou alguma alucinação, mas não tão homogênea, tão igual, sempre uma história com o mesmo sentido em todos os pacientes. Seria uma possibilidade muito teórica, mas, nos casos expostos, ele não aceitava, devo ter anotado o porquê disso. Há até um termo técnico para designar a falta de oxigenação cerebral, não me recordo agora como se diz.

— Como terminei há pouco o livro, tenho ainda frescos na memória alguns raciocínios, anotei muito e reli. Como disse, estou interessada nesses fenômenos e gostaria realmente de acreditar na continuidade da vida pós-túmulo.

— Eu diria que já passei da fase de acreditar, hoje tenho conhecimento e consciência disso. Mas diga-me do que se recorda sobre a questão da falta de oxigênio no cérebro.

— Chama-se anóxia ou hipóxia, parecem-me ser gradações da mesma situação.

Flávia havia relido diversas vezes, anotado e buscado nas enciclopédias explicações complementares.

— Agora me lembrei! – acrescentou Diva. George havia me explicado que em muitos casos de quase-morte evidenciou-se não ter havido qualquer injúria cerebral que pudesse ter ocasionado a anóxia, ou seja, a falta de oxigenação cerebral. Além disso, o fato de as recapitulações da vida, o tal "ver e sentir o filme da sua vida", ocorrerem de forma muito clara e em ordem cronológica exata sugere a ausência de dano cerebral. Essas recapitulações dos pontos significativos da vida tiveram um caráter avaliativo ou autoavaliativo, além de serem muito semelhantes nos relatos de todos os 150 pacientes entrevistados. Tudo isso sugere não ser provocado pela falta de oxigenação no cérebro.

Diva fitou fixamente a amiga nos olhos, procurando mudar de assunto.

— Mas falemos um pouco de nós mesmas, você tem algo pessoal e interessante para me contar?

— Estou ansiosa para te contar um sonho muito especial. Gostaria de compreender o que ocorreu e esmiuçar o significado do que vivenciei. Será que você pode me ajudar?

— Vivenciou?!

— Sim, Diva. A sensação era muito real.

— Em nosso grupo de estudos transcendentais, já pesquisamos, várias vezes, os sonhos.

— O significado deles?

— Não exatamente. Tudo que aprendemos nos leva a concluir que não há significados precisos ou exatos para um sonho. Faz-se necessário uma interpretação individualizada para cada tipo de personalidade.

— Também não me agradam explicações do tipo tabelinha.

— Tabelinha?

— É, por exemplo, sonhar com tal objeto ou fato corresponde a um significado específico.

— Entendo. Seria como o dito popular: "Sonhar com dente, morte de parente!"

— Só serve para rimar mesmo, sempre considerei bobagem isso.

— Nem sempre – Diva resolveu pegar de surpresa a amiga e disparou:

— Mas sonhar com dente poderá de fato significar morte de parente.

— *Dio mio!* Que absurdo, Diva, você crê nisso?

— Claro que não. Não dessa forma objetiva. No entanto, há um mecanismo psicológico do nosso inconsciente que pode transformar em sonho uma percepção do nosso espírito, produzindo imagens de acordo com conceitos já previamente aceitos pelo nosso cérebro. Isto é, uma impressão real durante o sonho pode ser traduzida por uma figuração como essa.

— Pode explicar melhor?

— Veja, Flávia, se alguém possui estratificado no seu inconsciente, ou arquivado em seus registros de memória, o conceito ou crença de que "sonhar com dente é morte de parente", ao ter durante o sonho alguma percepção psíquica do iminente falecimento de pessoa próxima, a imagem que o seu cérebro poderá expressar, quando acordar, será aquela correspondente à sua referência, isto é, ao dente. Ao acordar diz: "Sonhei com um dente caindo ou algo semelhante".

— Pelo que você está colocando, seria lógico concluirmos não existirem significados fixos ou exatos para se interpretar os sonhos.

— De um modo geral, não existem mesmo. Sem dúvida, os significados variam conforme o nível cultural, ético e também os conceitos e preconceitos do sonhador.

— Faz sentido.

— O estudo do tema sonhos é apaixonante.

— Bem, Diva, preciso que me diga tudo que puder sobre um sonho que tive recentemente. Estou muito interessada.

— Especificamente um sonho?

— Sim, foi muito expressivo. Causou-me uma sensação de algo real, algo que fizesse parte de minha história.

Flávia narrou sua experiência onírica em detalhes. Nada omitiu, incluindo o momento de acordar e posteriormente receber o doloroso telefonema da amiga, comunicando-lhe o falecimento do marido.

Diva, após escutar atentamente, passou a explicar.

— Querida, primeiramente, vamos enquadrar o seu sonho dentro do grupo de sonhos denominado "sonhos reflexivos".

— Como assim, grupo de sonhos?

— Depois te explico mais detalhadamente, mas existem vários tipos de sonhos, como os provocados por viagens astrais, outros decorrentes das emoções do cotidiano e todos esses não se encaixam no gênero de sonho reflexivo, como a princípio parece ser o seu.

— Os sonhos reflexivos seriam reflexos de quê?

— De situações vividas pelo sonhador em uma época anterior.

— Vida passada?

— Também. Pode ter sido uma situação vivida por você na infância, na vida intrauterina e até em vida passada.

— Em encarnação anterior?

— Até mesmo em uma encarnação muito distante, tendo entre a atual e a vivenciada no sonho muitas outras existências.

— Então eu poderia ter renascido muitas vezes entre a vida como romana, no tempo do Império, até a Flávia atual?

— Sim.

— O que determinaria o surgimento de um sonho de uma vida tão distante?

— Não sei dizer exatamente, mas, pelo que tenho lido sobre sonhos, poderia ser um fato atual, recente, que serviria de gatilho disparando a abertura de um arquivo antigo. Os fatos eclodem como erupção vulcânica, vindo à superfície do consciente. Algo na nossa vida gera esse estímulo.

— Parecem reais por terem realmente ocorrido em vida anterior?

— No caso de sonhos reflexivos, sim – acrescenta Diva.

— Já admitia a hipótese de ter vivido em outra época. Encontrei inúmeras evidências nas pesquisas a respeito, mas temo aceitar de forma crédula algumas informações.

— Ótimo, não me agradam posturas crédulas, mas investigativas, de análise, raciocínio.

— Diva, não seria melhor você dar uma atenção ao pessoal lá dentro?

— Puxa! Tem razão, vamos para lá.

4

Caio

ACORDAR SOB O TOQUE DO DESPERTADOR sempre fora uma experiência traumática para Caio. Desde a infância, ao contrário do irmão, Pietro, tivera sono leve, semelhante a um sentinela que tenso cochila em serviço, aguardando ser surpreendido.

Naquela manhã outonal não fora diferente. Mesmo sendo um despertador musical, o toque súbito o fez saltar do leito como lebre assustada, correndo os olhos pelo ambiente, para depois sorrir e pensar.

— Tudo bem, tudo bem, é só mais um amanhecer normal.

Caio já conseguira aceitar o seu sobressalto matinal deixando de se irritar como fazia até a adolescência. Contava 22 anos de idade e procurava considerar-se adulto. O controle das emoções sempre fora um desafio que saboreava vencer. Orgulhava-se disso.

Abriu a janela do seu quarto, observou o céu nublado e procurou encontrar algo que lhe desse ânimo. Deparou-se com as folhas caindo das árvores e comentou.

— Como é belo o outono na Ligúria.

Apesar de ter nascido em Bardolino, estudava na região da Ligúria há dois anos e já aprendera a amar a paisagem local. Na cama ao lado estava o irmão, Pietro, dormindo como um anjo, como diria a mãe, Flávia, e nem se abalara com o despertador.

Outrora Caio se aborrecia, mas atualmente assumira a função de acordá-lo mantendo o bom humor. Chegara à inteligente e prática conclusão de que cada qual convive com suas limitações pessoais. Afinal, ser o primogênito deveria resultar em algumas responsabilidades com o mano caçula.

Procurava lembrar-se de que Pietro, sempre mais atlético e desinibido, o auxiliava nos esportes e, frequentemente, lhe apresentava belas garotas.

Levantou-se, colocou seu roupão verde-escuro, calçou os chinelos adornados com o brasão da Juventus de Turim, seu time predileto, observou por um instante o irmão ao lado, e deu início ao primeiro trabalho do dia: dar uma série de sacudidelas em Pietro, que, como sempre, reclamou.

Dirigiu-se ao banheiro e olhou-se no espelho pensando: "Bem que eu poderia ter os olhos da mamãe, faria mais sucesso com as meninas".

Após a higiene matinal, dirigiu-se à cozinha. Procurou uma xícara no armário e serviu-se do leite na geladeira.

Imerso em seus próprios pensamentos, agia mecanicamente. Que diferença da época em que moravam com a mãe. Quando desciam, a mesa estava bem posta, limpa, coberta por uma simpática toalha com motivos campestres, as xícaras distribuídas com esmero. O leite fumegando no bule e o café fresquinho. O pão estalando e, ah, que maravilha, generosas porções de queijo já cortado e sem casca! Suspirou saudoso.

Apesar desses mimos, sua mãe os ensinara sempre a retribuir e desenvolver o espírito de cooperação familiar. Após o desjejum, era função de ambos cuidarem das louças e deixar a cozinha em ordem, mesmo que ela os ajudasse.

Pietro levantou-se, e, em seguida, espreguiçou-se ruidosamente, bocejou diversas vezes e seguiu ritual semelhante ao de Caio. Dirigiu-se ao irmão, ainda com a voz entrecortada com alguns bocejos e grunhidos.

— Caio, tive um pesadelo, sonhei que você estava namorando uma garota de quem eu gostava.

— Quem era?

— Não sei, mas era uma gatinha.

— Como era?

— Devia ter uns 18 anos, loira, olhos azuis bem clarinhos.

— Que mais?

— Parece que nós dois gostávamos dela. Já pensou nisso?

— Os mais velhos devem ter preferência.

Pietro, de brincadeira, saltou sobre Caio derrubando-o na cama. Rolaram os dois entre chaves de braço, risos, e troca de apelidos que ambos não gostavam. Em alguns minutos, os dois se cansaram e já estavam acesos para o café. Após a rápida refeição, colocaram os habituais jeans, camisetas, um agasalho e saíram para pegar o ônibus em direção à universidade.

Os temperamentos diferentes de ambos não os impediam de travarem uma relação que transcendia a amizade, havia uma verdadeira cumplicidade entre eles, e isso sempre fora motivo de orgulho para Flávia.

Pietro era mais forte e esportista, adorava tocar violão, apesar de ter um mínimo de conhecimento de música, fazia-o sem compromisso, por puro lazer. Seu modo expansivo, mas, ao mesmo tempo familiar, cativava com facilidade novos amigos. A maior parte das garotas da universidade voltava seus olhares para ele e o consideravam como um padrão de rapaz interessante.

Caio, no entanto, era mais reservado. Acompanhava, muitas vezes, seu irmão em folguedos e atividades esportivas, mas sua preferência recaía nas leituras. Apreciava o contato com a natureza, costumava examinar folhas e flores nos mínimos detalhes e quando possível assistia a documentários na TV sobre temas do gênero. Outra de suas paixões era colecionar tudo que encontrava relacionado à história de civilizações antigas.

Seu acervo de música clássica também crescia mensalmente, embora dentro das limitações financeiras da idade. Seu ar amadurecido para a faixa etária sempre fora contrabalançado pela influência descontraída e alegre do irmão Pietro.

A amizade dos irmãos levantava nos colegas um misto de sentimentos; admiração, inveja e respeito, pois ambos sempre se apoiavam mutuamente deixando claro que não permitiriam qualquer postura do grupo que deixasse um deles em situação de constrangimento.

Havia um pormenor na vida de Caio que o incomodava sobremaneira, seu temor de falar em público. Conhecia muito a respeito de determinados temas, dominava os assuntos, mas, quando se via em grupo, e lhe era solicitado pronunciar-se sobre algo, engasgava, engolia em seco e falava o mínimo. Depois, aborrecia-se ao constatar que passara a impressão de pouco conhecer sobre o tema.

Essa dificuldade lhe granjeara algumas notas medianas nas provas orais, muito aquém do seu real merecimento. Para agravar a situação, a ambição que acalentava no seu íntimo era ministrar aulas na universidade, mas, com essa dificuldade, o objetivo lhe parecia ser difícil, mesmo em porvir distante.

Flávia há muito tempo recomendara que ele procurasse um famoso terapeuta do qual obtivera informações muito positivas, o Dr. Benini, médico que desenvolvia a terapia do *insight*, uma metodologia de regressão de memória. Trabalhava com o paciente consciente, e a técnica adotada permitia à pessoa efetuar um mergulho profundo nas águas do passado distante, isto é, em vidas anteriores.

Flávia obtivera todos os dados que julgara necessários e insistira com Caio que procurasse o médico. Quanto ao pai, pouco ou nada entendia dessas questões, mas informara a ambos que poderia dar algum apoio financeiro caso necessário.

Após alguns meses de indecisão, Caio tomara coragem para procurar o profissional sugerido pela mãe. O médico recebeu-o sorridente e com muita simpatia. Logo após o jovem ter exposto sua dificuldade básica, o temor de falar em público, explicou-lhe a metodologia do trabalho e efetuou minucioso questionário inteirando-se da dinâmica familiar e psicológica de Caio. Agendaram uma data para iniciar as regressões.

5

A regressão

Enfim chegara o dia da regressão de memória. Na consulta precedente, os dados de anamnese já haviam sido minuciosamente colhidos pelo Dr. Benini. Histórico individual, familiar e todo o conjunto de informações necessárias.

O Dr. Benini preparou, cuidadosamente, o processo de regressão de Caio. Optara pela técnica do *insight* da Dra. Fiore, que utilizava com adaptações pessoais.

Uma música suave, extremamente agradável, com som de pássaros ao fundo, foi colocada no pequeno aparelho de som.

Com voz pausada, tranquila, mas firme, inicia a indução ao relaxamento em seu novo paciente. Principia orientando Caio a focalizar sua atenção na respiração. À medida que o jovem se concentra na respiração, Dr. Benini passa a mencionar uma luz dourada no ambiente que envolve o paciente. Dá o comando para que Caio respire absorvendo a luz dourada. Orienta Caio a iniciar o relaxamento progressivo de cada músculo do corpo, começando pelo rosto, depois queixo, têmporas, descendo pelo pescoço, e segue descrevendo cada região do corpo em detalhes.

Após a fase de relaxamento, o terapeuta induz o rapaz a usar sua imaginação criativa buscando mentalmente um local agradável, no campo, com uma cachoeira ou ambiente semelhante que considerasse belo e lhe desse uma sensação de paz. Para Caio, imaginar um local na natureza era tarefa fácil, pois amava, intensamente, as belezas dos lagos e dos campos.

Dr. Benini avança no processo de regressão. De maneira decidida determina:

— Caio, agora use novamente sua imaginação criativa e se sinta voltando no tempo e no espaço, em uma máquina do tempo. Vou contar até dez e, enquanto isso acontece, sinta-se mais e mais relaxado. Profundamente relaxado. Quando chegarmos ao dez, saia da máquina do tempo com impressões claras e vívidas.

Com voz suave, porém firme, continua.

— Caio, seu subconsciente está levando você de volta para uns cinco minutos antes do evento ou eventos responsáveis pelo seu medo de falar em público. Eu vou contar até dez e você vai estar cinco minutos antes desse evento.

Pausadamente inicia a contagem.

— Um... dois... três... quatro... cinco... seis... sete... oito... nove... dez.

Aguarda alguns segundos e indaga:

— O que você está experienciando ou percebendo?

Com voz quase sumida, como que engasgando com as palavras diz:

— Um palco... pessoas.

— Que mais?

— Eu precisando falar...

— Você precisando falar. Eu vou pedir ao seu subconsciente que localize a origem do seu medo de falar em público. Sua mente subconsciente o levará ao acontecimento ou momento responsável por seu problema na vida atual.

Repete novamente.

— Pelo acontecimento que levou você a ter medo de falar em público. Eu vou contar lentamente até cinco. Um... dois... três... quatro... cinco. O que você está percebendo? O que lhe vem à mente?

— Escuro.

— O que você está vendo?

— Nada, não vejo (alguns segundos de silêncio e acrescenta), tá escuro. Eu não vejo, eu só sinto.

— O que está sentindo?

— Calor no pé direito.

— O que mais você está vivenciando?

— Preso numa corrente... no pé direito.

— O que mais você está percebendo?

— Está quente, um calor na sola do pé direito.

— Como é você?

— Parece um homem, esfarrapado, de barba, sujo...

— Você é esse homem? Você se vê e se sente como esse homem?

— Cabelo grande... barba, sentado no chão. Como se fosse um... Parece que há uma pedra ou rocha ao redor.

— Como se chama?

— Não sei.

— Qual a sua idade?

— Uns 40...

— Uns 40, que roupa está vestindo?

— Um resto de calça, bem pobre, uma camisa toda rasgada...

— Entre em contato com aquilo que você está sentindo e com a pessoa que você é neste momento.

— (Suspira longamente) As pernas... a perna... está ferida, a corrente é curta.

— A corrente é curta? É um lugar fechado ou aberto?

— Fechado, mas tem uma janelinha no alto. É um buraco, não é janelinha.

— É dia ou é noite?

— Ainda não amanheceu.

— Você está sozinho?

— Sim.

— Então não há outras pessoas com você?

— Não!

— O que você está fazendo?

— De pé encostado.

— Que mais você vê ali?

— O dia amanhecendo. Já falei tanto... ninguém escutou... agora não falo mais...

— O que você falava e não escutavam?

— Parece que coisas sábias. Pregava alguma coisa...

— Pregava alguma coisa? Eu vou pedir ao seu subconsciente que o leve ao fato relacionado com seu medo de falar em público, eu vou contar de um a cinco e, quando eu terminar, você estará lá. Um... dois... três... quatro...

— A praça pública!

— A praça pública você disse... cinco! O que você está percebendo?

— O homem falando na praça.

— Esse homem quem é?

— Eu...

— Esse homem é você?

— Sim.

— Continue. Em que época você está?

— Idade Média... eu acho... (fica em silêncio alguns minutos). As pessoas se vestem também humildemente como eu. Eu falo seriamente, elas me escutam... (repete), eu falo seriamente, elas me escutam. O que eu falo incomoda.

— O que você fala incomoda?

— Não aos que escutam. Incomoda aos que moram na cidade. Por isso eu fui preso. Para não incomodar mais, para me calar, não falar. A multidão de pessoas... tiveram medo de me ajudar.

— Continue.

Caio tem a fala entrecortada com suspiros, fala com dificuldade, repetindo expressões.

— Tiveram medo de me ajudar... alguns choravam e davam as mãos... fui sendo levado... arrastado. E... era uma pessoa... que não era... eu era uma pessoa querida, boa. Acho que fui proibido de falar (silencia alguns segundos e continua). Querida e boa...

— Continue.

— Falava coisas para eles, alertando. Ajudando no que eles tinham dificuldade. Eu era um padre, seguindo o exemplo de Cristo que fazia assim também. E, porque eu incomodava, me prenderam.

— Diga o que você está vivenciando.

— Estou sendo arrastado.

— O que acontece depois?

— Me levaram pra frente... pra frente daquelas pessoas. Como se fosse um conselho de anciãos. Um conselho de anciãos e de pessoas. Um lugar muito amplo com teto alto todo pintado. Como se fosse uma galeria. Parece um templo.

— E depois o que aconteceu?

— Decidiram que eu não podia mais entrar em contato com as pessoas pra não estimular ideias nelas... (suspira). Bateram-me... de chicote... fiquei ali no chão caído.

— Caiu no chão? Onde foi isso?

— No templo. Os poderosos me bateram, me julgaram e me condenaram a ficar sempre preso amarrado com a corrente. Pra não instigar as pessoas e não botar ideias na cabeça delas. E me isolaram completamente. Eu gritei, gritei...

Chora. Chora e soluça.

— Continue.

— Ninguém me ouviu...

— Caio chora e soluça muito.

— Ninguém ouviu!

— E depois?

— Fiquei lá jogado...

— Ficou lá jogado?

— Isso...

— Eu vou pedir à sua mente subconsciente que o leve até um acontecimento que o esclareça. Esclareça por que isso aconteceu. Veja agora. O que lhe vem à mente?

— Uma cena (suspira longamente!).

— Uma cena?

— Eu entrando numa casa, ainda sendo aquele homem...

— Sim, continue.

— Uma mulher me esperando...

— Sim.

— Ela era daquele templo...

— Do templo, ela? Quem era ela?

— Sim... do templo, acho que era mulher de um daqueles homens.

— E o que aconteceu ali?

— Ela era minha amante...

— Certo, continue.

— Alguém veio espiar. E voltou para contar que ela me encontrava...

— Sim. Vamos para mais adiante. Depois que você foi preso, acorrentado. Vamos revivenciar a sua morte, agora eu gostaria que você voltasse cinco minutos antes da sua morte. O que está acontecendo?

— Ratos!

— Onde você está?

— Preso no mesmo lugar.

— Gostaria de... gostaria que você descrevesse o que está acontecendo.

— Fiquei bem doente.

— O que sente?

— Muita febre.

— Quais as outras sensações?

— Dor no corpo.

— Perceba o que lhe causa a morte? O que sentiu?

Caio suspira.

— Forças... as forças diminuindo... diminuindo...

— As forças diminuindo, você sente alguma preocupação, inquietação?

— Ficar ali abandonado... que ninguém vá encontrar o corpo...

— O que aconteceu depois?

— Morri quietinho, quietinho.

— Quais os seus últimos pensamentos?

— Que lá fora alguém deveria ter guardado alguma das palavras que eu havia falado.

— Se lembra do seu nome?

— Não.

— Veja o seu corpo morto, você está a um metro do seu corpo. O que sente olhando para o seu corpo morto?

— Pena! Nem parecia gente.

— O que acontece com você quando percebe que morreu?

— Flutuo.

— Flutua? O que pensa?

— Alguém está me levando. Alguém está me levando (repete).

Alguns segundos de silêncio e acrescenta.

— Vou subindo...

— O que você faz depois que morre?

— Vou subindo. Estou sendo levado.

— O que acontece com seu corpo?

— Fica jogado.

— O que fazem com seu corpo?

— Jogado longe.

— Onde?

— Jogado no mar.

— Atravesse a luz e se perceba fora dessa vida que você acabou de revivenciar. Veja a luz... entre na luz, onde você está? Tem alguém com você?

— Tem. Uma mulher vestida de roupa romana branca com uma faixa dourada na cintura. Deu-me a mão. É um jardim. Outras pessoas vêm me receber.

— É como se fosse uma nuvem branca grande. Uma luz branca.

Dr. Benini busca a repetição das palavras e das expressões do paciente. Conduz o processo.

— Desse lugar você vai ter uma visão geral dessa vida que você revivenciou do momento que você nasceu até sua morte. E vai ter uma compreensão geral dessa vida que se acabou. Você irá entender suas ações e os fatos que aconteceram e por que aconteceram daquela forma com você. Quais os acontecimentos significativos, ou fatos que contribuíram ou causaram em você o medo de falar em público?

— Eu era um padre, eu falava na igreja. Mas padre não podia ter ninguém e eu tinha aquela mulher... medo.

— Alguma coisa que você poderia ter feito para evitar ter medo de falar em público?

— Não me apaixonar. Ter sido só padre, assim eu seria respeitado – Caio falou nesse tempo de verbo.

— Tome consciência nessa dimensão que você está agora e veja se você obteve sucesso ou fracasso. O que você está experienciando? O que você aprendeu com essas experiências? E o que está experienciando agora ?

Caio suspira longamente e não responde. Dr. Benini insiste.

— O que está experienciando agora?

— Passam um líquido no meu corpo com pétalas de rosas.

Novamente suspirou longamente.

— Pétalas de rosa... como que me purificando (suspira).

— Qual a lição que você teria que aprender com todos os acontecimentos dessa vida que você reviveu?

— Que as pessoas confiavam em mim. Foi como se eu... como se eu tivesse traído a confiança delas. Eu era... eu traí a confiança. Eu era muito prezado como padre e traí a confiança.

— Agora, novamente usando sua imaginação criativa. Você vai voltar através daquela máquina do tempo... você vai retornando a ser Caio... para o aqui e agora... para o meu consultório. À medida que você retorna a cada contagem, eu lhe darei algumas sugestões. Permaneça de olhos fechados até eu dizer para abri-los. Dez... entre novamente na máquina do tempo... nove... você está retornando, oito... sete... seis... retornando e se sentindo muito bem... cinco... quatro... três... cada vez mais próximo do aqui e do agora... você está retornando e se sentindo muito bem.

O médico continua.

— Cada vez mais perto do aqui e do agora. Dois... um... Caio você está de volta para o dia 11 de novembro de 2009. Permaneça com os olhos fechados. Saiba que você fez um trabalho muito bonito. Que a sua regressão foi excelente. Saiba que você poderá se recordar de tudo, desses eventos e de todos os outros.

O terapeuta repete, propositadamente, abusando do pleonasmo, as expressões-chave.

— Saiba que você colocou em nível consciente o medo de falar em público e saiba que você está se afastando do medo de falar em público. Conhece, agora, o que ele representa para você, e sabe o porquê do medo de falar em público.

De hoje até a próxima semana terá uma compreensão maior e melhor dessa regressão. Agora eu vou contar de dez até um. Quero que você volte completamente para você mesmo e traga consigo essas lembranças. Meus parabéns. Teria sido mais fácil fugir.

Dr. Benini conta lentamente. Dez... nove... oito... sete... seis... cinco... quatro. Permaneça de olhos fechados.

— Agora eu vou contar até três. No três, você abrirá seus olhos completamente. Um... dois... três. Abra seus olhos... 11 de novembro de 2009. Agora movimente braços e pernas. Inspire e expire lentamente.

— Como você se sente?

— Bem. Mas estou surpreso.

Dr. Benini passou a analisar a regressão, procurando fixar no consciente do jovem os fatos extraídos dos porões de seu pretérito.

— Preste bem atenção nos seguintes aspectos: Você narrou, claramente, uma situação de trauma geradora do temor de falar em público. Ficou evidenciada a origem longínqua desse temor. Seu inconsciente registrou, equivocadamente, que falar em público leva a sofrimento, à dor e à morte.

— Conseguimos, juntos, trazer para a superfície do seu consciente esse trauma, e é preciso apenas convencer-se de que falar em público não leva a nenhum sofrimento.

— Existia um fato verdadeiro que determinava um impulso no sentido do temor de falar em público. Esse fato ou fatos dessa vida criaram campos de força, registros que pulsavam, produziam energias que mantinham e estimulavam sua dificuldade.

— É importante que você saiba não existir mais esse fator inconsciente, agora é um conhecimento consciente e totalmente controlável por você. Quer perguntar algo?

— Doutor... isso que contei...

— Que você vivenciou, preferimos dizer.

— Foi uma vida passada? Quer dizer, reencarnação?

— Tudo indica que sim.

— Não sou fechado a esses conceitos, mas gostaria que me fornecesse mais alguns dados, por que reencarnamos?

— De maneira simples, para evoluirmos. Todo ser evolui, e a finalidade básica da reencarnação é a evolução, uma vida só não é suficiente para escalarmos o cume da montanha. No entanto, posso lhe indicar alguns livros para você se inteirar melhor. Gosta de ler?

— Adoro ler. Especialmente assuntos que me tragam esclarecimentos da vida, da natureza, da razão da nossa existência.

— Melhor hoje nos determos no seu tratamento, há outros aspectos e crenças surgidos na sua regressão que precisamos permitir a você se libertar.

— Da concepção cristã?

— Não, não! Isto não é problema. Refiro-me a outras questões. Perceba o que você diz, em um dado momento, quando lhe perguntei: o que você não deveria ter feito, que lição você tirou? Lembra o que disse?

— Creio que me apaixonar por aquela mulher.

— Exato, aí reside uma crença, um equívoco que pode estar presente em você.

— Mas eu era um padre!

— Não lhe era permitido o sexo, mas quem disse que não poderia se apaixonar? Você poderia se apaixonar e amar espiritualmente, na sua condição de padre. O comportamento ético, para esse fato, seria abandonar a batina ou, então, não fazer sexo com ela. No entanto, você registrou ser errado se apaixonar. A propósito, você já se apaixonou por alguma garota?

— Eu só tenho 22 anos e meio.

— Com sua idade eu já havia me apaixonado pelo menos umas dez vezes. Veja bem, apaixonar-se não significa fazer sexo. Sugiro marcarmos outras conversas e regressões.

— Gostaria de lhe fazer um pedido. Nas outras consultas, poderia me explicar mais sobre reencarnação?

— Veja bem, não é a nossa finalidade e o tempo do meu consultório é precioso, além de ser dispendioso para você ou seus pais. Melhor não usarmos o horário de consulta para essa finalidade.

— Que pena. Queria tanto compreender essa questão da reencarnação.

Dr. Benini sentiu-se tomar de simpatia para com o garoto. Acrescentou:

— Mande-me uma relação de perguntas sobre reencarnação, por e-mail, que lhe respondo, mas com uma condição.

— Qual?

— Prometa-me ler.

— Os e-mails?

— Não, Caio. Ler livros que vou lhe indicar.

— Com certeza! Isto é o que eu mais desejo.

— Combinado.

— Que bom, doutor. Fico-lhe muito agradecido, vou mandar uma chuva de perguntas.

— Primeiro livro: *Twenty Cases Sugestive of Reincarnation*, mas há também em nossa língua, procure nas livrarias, o autor é Ian Stevenson, neurologista e psiquiatra da Universidade da Virgínia.

Anotaram seus e-mails, despediram-se. Ambos experimentaram uma mútua e profunda simpatia. Dr. Benini pensou alto:

"Creio que já estou me autossugestionando pelo intenso estudo sobre reencarnação, poderia jurar que esse garoto já é meu velho conhecido, mas não posso cair nesta simplória, precoce e superficial sensibilidade".

6

Isabella

BARDOLINO DISTAVA BEM MAIS DE UMA HORA de carro, seguindo para o leste de Milão. Embora geralmente fosse impaciente ao volante, preferindo estar em algum lugar em vez de a caminho, Isabella estava considerando aquela viagem demorada demais. Além das janelas do Mercedes, carro que dirigia ao lado da mãe, Diva, o dia estava maravilhoso, estimulante e dourado.

A paisagem era típica dos dias outonais do norte italiano. As nuvens deixavam passar uma bela luminosidade se emoldurando com tons rosados, tal qual um quadro pintado por sensíveis mãos de artista. As folhas das árvores que ladeavam a estrada caíam constantemente, enquanto outras totalmente sem o verde da clorofila refletiam ao sol a cor de ouro típica dos finais de outubro.

Não era o esplendor da paisagem ou os encantos dos dias de outono que constituíam o motivo da sua ansiedade em concluir a viagem. Na realidade, estava alheia ao mundo além das janelas do carro. O que lhe movimentava a curiosidade era rever os filhos de Flávia, com os quais há muitos anos não mantinha contato, exceto por alguns e-mails ou eventuais telefonemas que atendia apenas para chamar a mãe.

Ao pensar nisso, apertava as mãos no volante. Com seus belíssimos olhos azuis tão claros que brilhavam facilmente, olhou as unhas. Estavam muito bem-feitas, com um rosado mais forte, combinando com seu batom. No espelho do carro, conferiu o penteado. Os cabelos de um louro intenso e brilhante desciam além dos ombros.

Apesar de jovem e bela, Isabella nunca tivera namorado, mesmo sendo constantemente requisitada pelos amigos da escola. Temperamento impulsivo, muito inteligente, sensível, mas com certo gosto por aventuras. Mas, ao contrário de algumas colegas, suas aventuras recaíam em outra área que não a sexual. Apreciava os passeios pelas matas, bosques ou trilhas distantes da cidade.

A maior preocupação de sua mãe sempre fora com seus estudos. A filha estudava o mínimo suficiente para garantir as promoções de ano escolar e interessava-se muito mais por temas extracurriculares do que pelos obrigatórios.

Ultimamente, preferia ler tudo que Diva comprava sobre temas de psicologia e filosofia em vez de estudar matemática, curso que escolhera mais em função dos elogios que recebia pela rapidez de seus cálculos mentais.

Diva procura estabelecer uma conversação.

— Bella – costumava chamar a filha dessa forma – como está indo a faculdade?

— Como sempre.

— Está satisfeita com o curso?

— Sei lá, mãe. É muito cedo pra isso.

— Mas, até o momento, o que pensa do curso?

— Não penso.

— Bella, não quer conversar?

— Quero, mas prefiro não seja sobre a minha faculdade. Tudo bem?

Diva era perspicaz o suficiente para perceber não ser o momento da abordagem sobre a questão que a preocupava, no entanto, a faceta de mãe zelosa havia-lhe levado a transgredir o limite do tempo que sua filha precisava. Resolveu esperar.

—Ok. Escolha o tema.

— A morte de papai.

Diva suspirou tristemente, mas dispôs-se.

— Ok, Bella, como você se sente a respeito dessa questão?

— Puxa, mãe. Que coisa mais formal!

— Querida, a minha linguagem pode ser de outra geração, mas meu coração e minha alma sofrem da mesma forma que os seus.

— Desculpa, mãe. Acho que eu não sei como começar esse assunto.

— George era muito amado por nós duas e sua falta é muito dolorosa, pensemos em tudo de bom que vivemos com ele, juntas ou individualmente, isso nos fará valorizar o convívio, reviver momentos de felicidade. Pensar na beleza do que adquirimos e não no que perdemos.

— Mãe, eu tenho chorado à noite. Você também?

— Muitas vezes. Quando acordo, às vezes esqueço que ele não está mais entre nós, fico imaginando onde estará.

— Como assim, mudaram o lugar no cemitério?

— Bella, você está ironizando?

— Está se referindo à vida depois da morte?

— Naturalmente, filha. Sabe que tenho lido muito a respeito e hoje tenho convicção que a morte, no sentido de cessar tudo, não existe. Há vida depois desta vida.

Isabella continuava dirigindo o carro quando se lembrou de que muitas vezes George as levara a muitas cidades naquele Mercedes. Mentalmente, rememorava as cidades. Verona, Veneza, Gênova, Lucca.

— Mãe, eu tenho lido seus livros, sabe que gosto?

— Sei, querida. Aprecio que leia. Apenas me preocupo com seus estudos e...

— Olha o combinado!

— Certo, certo...

— Acho que não acredito em Deus. Você acredita?

— No Deus das religiões, ou Deus feito pelos homens, nesse não acredito.

— Papai dizia que Deus era impessoal. Também pensa do mesmo modo? Como você entende isso?

Diva conteve um sorriso, ao sentir que a filha estava se permitindo abrir o coração e demonstrar interesse em assuntos que transcendiam ao trivial.

— Bella, nós entendemos que não existe aquele Deus das religiões que castiga, perdoa, tem emoções ou comportamentos humanos.

— Quer dizer que é uma espécie de ateísmo? Um ateísmo sofisticado?

— Não. Significa que aceitamos a existência de uma força universal, uma energia coordenadora do universo. A essa força chamamos Deus.

— E onde entra o conceito de que Deus é impessoal?

— Nessa concepção. Veja, se Deus não é um ser antropomórfico, não é uma pessoa, não tem emoções humanas. Assim, não teria emoções, não expressaria mudanças, seria de estabilidade constante, imutável. Deus é a Lei do Universo.

— Mãe, quando você afirma que Deus não é um ser antropomórfico, não tem forma humana, nem emoções humanas, então você diz que Jesus não é Deus.

— Exatamente. Jesus é um ser altamente evoluído, o mais evoluído que deve ter transitado nesse planeta, mas não é O Amor Universal Onipresente.

— Você seria queimada viva há alguns séculos. Mas, mudando de assunto, vamos dar uma paradinha no autogrill?

— Vamos, estou com vontade de tomar aquele delicioso suco da laranja vermelha da Sicília.

— *Arancia rossa*?

— É, esse mesmo. Olha, ali tem um local onde podemos fazer um lanche.

7

O primeiro e-mail

PREZADO DR. BENINI, antes de tudo, fiquei muito feliz pela oportunidade de ser seu paciente. Estou procurando fixar tudo o que me falou e já estou praticando falar mais nas rodas de meus amigos, creio que é um começo.

Conversei muito com minha mãe, Flávia, e envio a primeira remessa de perguntas. Se eu estiver abusando de sua boa vontade, me coloque nos trilhos e perdoe minha sede de saber. Evidentemente, eu compreendo se não puder me responder logo. Vou procurar ser sintético para facilitar ao doutor. Novamente agradeço sua gentileza. Tenho dezenas de dúvidas, mas pensei em enviar cada vez umas dez perguntas, pode ser? Ei-las:

1. *Quem reencarna?*
2. *Qual o número de vezes que já reencarnamos? Dizem que no total são sete, é verdade?*
3. *Para que reencarnar, ou seja, qual a finalidade básica da reencarnação?*
4. *É possível diminuir-se o número das reencarnações? Como posso fazer isso?*
5. *Qual a razão ou fundamento filosófico que os reencarnacionis-*

tas se baseiam para considerar lógica a hipótese ou teoria (não sei como dizer) da existência da reencarnação?

6. *Há reencarnação apenas na Terra?*
7. *Se existisse reencarnação em outros planetas ou astros não seria contrária à posição cristã?*
8. *Se houver vida e reencarnação em outros astros, quando se reencarna neles?*
9. *Em termos de reencarnação, como veríamos a posição da Terra no contexto do universo?*
10. *Em resumo, como o senhor diria quais são os tipos de reencarnações que existem aqui na Terra?*

Logo mais envio outras, estou ansioso.

Três dias após, Caio exulta ao receber as respostas do seu médico.

Meu prezado jovem, é com muita satisfação que respondo a você. Aprecio sua curiosidade científica e filosófica. Seguem as respostas na ordem solicitada.

1. *Quem reencarna?*
   Toda alma (conforme diriam alguns), ou espírito que ainda não alcançou a plenitude do conhecimento e do amor necessita reencarnar.
2. *Qual o número de vezes que já reencarnamos? Dizem que no total são sete, é verdade?*
   Prezado Caio, só se for o sete simbólico que significaria: "sempre", "eterno", "todo". Sete notas musicais, sete cores, sete dias da semana significam todas as notas, todas as cores, todos os dias. Nesse sentido, compreende-se que se reencarna sempre, até atingirmos a plenitude da evolução. Portanto, todos nós já contamos inúmeras existências e deveremos ter um número incontável pela frente.

3. *Para que reencarnarmos, ou seja, qual a finalidade básica da reencarnação?*
   A evolução. Esta já havia lhe respondido no consultório. De qualquer forma, vale uma complementação. Reencarnamos em busca do conhecimento e do amor plenos. Em resumo é a busca da felicidade.
4. *É possível diminuir-se o número das reencarnações? Como posso fazer isto?*
   Sim. Depende do esforço próprio, do progresso e evolução alcançados
5. *Qual a razão ou fundamento filosófico que os reencarnacionistas se baseiam para considerar lógica a hipótese ou teoria (não sei como dizer), da existência da reencarnação?*
   Sabedoria da Lei Universal, ou, se preferir, a linguagem. Justiça divina e amor, dando oportunidade a todas as criaturas.
6. *Há reencarnação apenas na Terra?*
   Não. Há inúmeros astros habitados no universo onde se pode reencarnar.
7. *Se existisse reencarnação em outros planetas ou astros, não seria contrária à posição cristã?*
   Não. Veja o que disse um grande filósofo conhecido como Jesus: "Há muitas moradas na casa do meu pai". Além disso, todos os espíritos evoluídos nos dizem isso.
8. *Se houver vida e reencarnação em outros astros, quando se reencarna neles?*
   Bem, vamos dividir em três situações:

a) Seres que superam o conhecimento em seu planeta podem renascer em outro astro mais evoluído. É lhes dada essa opção.

b) Seres superiores podem, também, reencarnar em outros astros mais atrasados em missões de auxílio.

c) Seres que não acompanham a evolução de um planeta podem reencarnar em astros mais atrasados compatíveis com sua situação evolutiva.

9. *Em termos de reencarnação, como veríamos a posição da Terra no contexto do universo?*

   A Terra é um planeta relativamente atrasado onde reencarnam espíritos que ainda não superaram suas limitações em todos os sentidos. Excetuando-se alguns missionários planetários, nós, os terráqueos, estamos renascendo para crescer psiquicamente.

10. *Em resumo, como o senhor diria quais são os tipos de reencarnações que existem aqui na Terra?*

    Segundo os pesquisadores, e não apenas segundo meu pensamento, há reencarnações de provas (que equivalem à verificação de aprendizado ou testes), reencarnações de expiação (ressarcimento de dívidas anteriores) e reencarnações de missões (auxílio a terceiros).

Caio, estou com muito trabalho na próxima semana, envie-me as novas questões só depois de 15 dias. Fique tranquilo que responderei com muito prazer. Um abraço do seu médico, Dr. Benini. Até lá.

8

Novo sonho

FLÁVIA VÊ-SE NOVAMENTE NA ROMA ANTIGA. Conversava animadamente com o pai, durante a primeira refeição do dia, sobre os preparativos da festa de aniversário do amigo e poeta Ovídio. Publius Ovidius Nasão, mais conhecido por Ovídio, nascera em 20 de março de 43 a.C. em Sulmo, atual Sulmona, na região centro-sul da península itálica.

Levava Ovídio uma vida boêmia, e era admirado como grande poeta. No ano que nascera fora estabelecido o segundo triunvirato, sistema de governo que pretendia dividir o comando do Império de Roma e seus domínios entre Marco Antônio, Octávio e Lépido, situação que se estenderia até 33 a.C. Na época de Ovídio, Octávio já era o único remanescente do trágico triunvirato. Lépido fora afastado do poder e exilado de Roma em função de uma manobra política sem sucesso, enquanto Marco Antônio, apoiado por Cleópatra, perdera a guerra declarada contra Octávio. O exército de Antônio, baseado no Egito, atacara Octávio com todas as armas, culminando na batalha deActium (31 a.C.), com a derrota e suicídio de Marco Antônio. Assim, em 33 a.C., o triunvirato terminara. Com os seus ex-pares afastados da disputa, Octávio ficou livre para comandar Roma. Em 27 a.C. , recebeu o título de Augusto, iniciando oficialmente o Império Romano. O período de Augusto César era a época em que Flávia situava suas reminescências oníricas.

Faltavam poucos dias para 20 de março, dia do natalício do admirado poeta e amigo. O senador, seu pai, pretendia homenageá-lo colocando em cada local onde iriam se sentar os convivas pequenos pergaminhos com frases de Ovídio. Em vez de consultar sua mal-humorada esposa, Sílvia, preferia trocar ideias com a amada filha.

— Flávia Flamínia, qual tua frase preferida para colocar no local onde tu tomarás assento?

Flávia, durante o sonho, alterna sua consciência entre o passado e o presente, sente um aperto no coração ao perceber seu nome à epoca.

— Papai, adoro quando Ovídio diz: "E amanhã não seremos o que fomos nem o que somos".

— Então, isso ficará demarcando o lugar da minha filha. Diga-me, agora, qual a interpretação da frase escolhida pela filha do senador do Império Romano?

— Entendo que, quando Ovídio diz amanhã, refere-se ao futuro. Como a cada momento estamos adquirindo novas informações, novas experiências na vida, o amanhã nos fará diferente do que somos hoje e do que fomos no passado, isto é, no ontem.

— Lindo minha filha! Muito claro teu raciocínio. Transparente como a luz da lua.

O senador não escondia sua admiração por Flávia Flamínia, nunca lhe poupava elogios, o que sempre gerava ferozes ciúmes e inveja nos demais filhos, bem como em Sílvia, que considerava exageradas as joias, normalmente com esmeraldas orientais, trazidas pelo pai: brincos, braceletes, diademas, pulseiras de tornozelo e anéis.

Flávia adorava esmeraldas. Quase todas as joias que possuía apresentavam as verdes e reluzentes pedras de sua preferência. Com o seu verde intenso, misterioso e singular, a esmeralda à época era considerada um símbolo de imortalidade e fé. Uma aura mística sempre envolveu essa pedra, talvez por causa da atração que ela parece exercer sobre o olhar humano, levando-o por seu interior às profundezas mais insondáveis.

Segundo a crença dos patrícios romanos, era a pedra dos curadores. Atuaria no tratamento da pressão arterial, ajudaria na eloquência, memória e locomoção. Tornava, igualmente, a mente mais aberta. Por outro lado, devido ao seu valor consistentemente elevado, tornou-se um símbolo de status por excelência.

— Pai, o senhor considera estável o governo de nosso Augusto César?

— Flávia Flamínia, minha filha, o governo é estável como uma rocha. No entanto, nunca me pergunte tal coisa na frente de outros convidados.

— Por quê, papai?

— Qualquer questionamento pode ser interpretado como um desejo de que fosse o contrário. Não faltam aqueles que desejariam não fosse eu tão considerado pelo nosso César Augusto.

— Tenho escutado que Ovídio estaria perdendo popularidade junto ao imperador, que me dizes disto?

— Ovídio é sábio, mas às vezes não mede palavras. Seus versos e prosas são como o vento, sopram em todas as direções. Aos que desejam pensar, sempre são úteis, aos que desejam apenas se entreter ou escutar o que lhes convêm nem sempre são agradáveis aos ouvidos. Há também outros motivos – disse baixando o tom de voz e se certificando de não haver ninguém proximo ao grande salão.

— Não há perigo para o senhor convidarmos Ovídio para esta homengem em nossa casa?

— A função de senador nos desenvolve a sagacidade e a prudência das serpentes. Mesmo sabendo da viagem de Augusto, tomei o cuidado de lhe endereçar algumas ponderações.

— Quais?

— A primeira delas quanto a importância de termos Ovídio perto para observá-lo melhor e a segunda, da tristeza de não podermos contar com a presença do eminente César, caso a viagem se concretizasse.

— Sabedora de sua admiração e respeito por Ovídio, peço permissão para perguntar: como meu pai relataria ao imperador algum eventual deslize de nosso amigo?

— Simples. Muito simples, Flávia. Ovídio sabe da desconfiança de que está sendo alvo. Para ele, será melhor seja um senador da confiança de Augusto a pessoa que comunique ao supremo mandatário do Império o significado e conteúdo dos versos, prosas e de suas atitudes. Notifiquei a Ovídio essa decisão para sua segurança. Ele tem ciência de que seus atos serão todos de conhecimento de nosso César, portanto cabe ao poeta precaver-se. Apesar de tudo, temo um pouco pela ironia, impulsividade e pelo cunho mordaz na sua criação artística. Júpiter o proteja. Peçamos aos deuses lares que iluminem a mente de nosso aniversariante.

— Conforme percebo, o local do meu pai não poderia ter a frase: "Não se deseja aquilo que não se conhece".

— Continue, minha filha, justifique.

— Se meu honrado pai conhece a César, conhece o poder do imperador, convive com o comando de Roma, poder-se-ia inferir, nos escaninhos das mentes enfermas pelo fel da inveja, que o senador desejaria ser...

O senador, entre boquiaberto de admiração pela lucidez da filha e temeroso pela sua ousadia, interrompe-a.

— Nem continue, minha filha. Louvo tua inteligência, mas

nem ouses pronunciar tais palavras. Vejamos outra frase de Ovídio.

— Considerando suas justas preocupações, sugeriria: "Tudo em nós é mortal, menos os bens do espírito".

— Perfeito. Dessa maneira fica evidente, nessa ágape, o interesse do senador nos bens do espírito e não em qualquer direção oposta aos interesses de Roma. Quanto à frase para assinalar o lugar de Ovídio optaria por: "A poesia nasce simples de uma mente serena".

Dessa maneira, seguiram comentando características e gostos de cada conviva para escolher as frases que marcariam seus assentos. Para muitos desses convivas, pai e filha divertiam-se ao imaginar determinadas colocações irônicas que se adequariam bem às personalidades, mas optavam por frases leves, de acordo com o espírito de hospitalidade. Súbito, Flamínia se surpreende e escandaliza-se com algumas frases retiradas de poemas de Ovídio.

— Papai, já viste estas? – disse mostrando algumas frases eróticas e eivadas de vulgar libertinagem.

— Sem dúvida não as utilizaremos, por três motivos: acima de tudo, se pretendemos manter um ambiente saudável, apesar do vinho, essas frases seriam porta aberta para uma sequência de comportamentos incompatíveis com nosso modo de ser. Em segundo lugar, são frases retiradas de poemas abominados por Augusto. E, por último, não aprecio esse lado do nosso poeta, aprecio outros aspectos de sua cultura. Ovídio, ao continuar desafiando os valores e costumes da organização familiar que tanto preocupa Augusto, ainda acabará sendo expulso de Roma.

— Que horror, papai!

— Minha filha, recentemente o imperador propôs a *Lex de Adulteriis Coercendis*, lei que visa coibir o adultério, e muitas de suas leis têm o escopo de manter a unidade familiar, coisa de que Ovídio não é adepto.

9

Pietro

O JOVEM EXULTAVA RADIANTE DE FELICIDADE. Havia conquistado mais uma medalha de ouro no torneio de basquete. Passara o final do dia comemorando com os amigos e agora se dirigia para o carro com a intenção de empreender viagem a Bardolino. No percurso, recordava-se das duas motivações dessa viagem, o reencontro com a família, no Lago, além da perspectiva de outra visita interessante.

Pietro era amante de quase todos os esportes, mas sem dúvida o basquete era o seu preferido. Desde criança praticava o nobre esporte da bola ao cesto e, sempre que possível, participava de todas as competições, seja como jogador atuante, seja como simples torcedor.

Colecionava inúmeras publicações a respeito, guardando um arquivo histórico desde a criação, em 1891, nos Estados Unidos, na cidade de Springfield, época em que as bolas utilizadas ainda eram as de futebol. Só após 1896 surgiu a bola específica para o jogo.

Desde que começara a atuar como armador, em lugar de ala, Pietro passou a ser o eficiente cérebro do time. Criava as jogadas e era a voz que bradava pela determinação à luta quando o entusiasmo arrefecia. Nos momentos que se faziam necessários, procurava acalmar os companheiros quando eles se irritavam com as adversidades da partida.

A partida decisiva do campeonato universitário havia empatado ao concluir o último período (tempo) do jogo. A emoção tomara conta do ambiente. Alunos, professores e familiares, todos vibrando e torcendo com entusiasmo, cantavam os refrões criados para o encontro final.

Como no basquete os jogos são efetuados em quatro períodos de 10 minutos e não podem apresentar empate como resultado final, o desempate sempre se processa através de períodos suplementares de 5 minutos.

Pietro colhera os frutos obtidos após uma longa dedicação aos treinos. Frutos amadurecidos pelo empenho e entusiasmo demonstrado durante toda a competição. Tornara-se realidade um sonho imaginário de todo atleta dedicado.

No último segundo, quando seu time perdia por 98 a 97, Pietro encesta uma bola anterior à linha de três pontos e o ginásio esportivo quase vem abaixo. É campeão! É campeão! Entoavam em coro, emocionados, após o encerramento do jogo: 100 a 98. Um dia para não esquecer.

A mãe e o irmão prestigiaram a partida final sentindo as emoções do começo ao final do jogo. Abraçaram-se, os três, felizes pela conquista do filho e mano que tanto se dedicara ao esporte. Flávia havia se deslocado de Bardolino a Gênova exclusivamente pelo prazer de assistir a seu *bambino* jogar e chorava ao vê-lo sagrar-se campeão sendo o herói do campeonato.

Caio, apesar de nunca ter-se tornado um aficionado pelo basquete, encantava-se pela desenvoltura do irmão e admirava-o nesse aspecto. Abraçados, mãe e filho, seguiam em direção ao Smart comentando os lances principais da partida. Como Pietro após o jogo estaria com os companheiros e a direção do clube na programada comemoração, seguiriam os dois diretamente para casa. O fim de semana prometia ser agradável no Lago di Garda com a anunciada visita de Diva e Isabella. Durante o trajeto desenvolveram animada conversação.

— Filho, você me disse que enviou algumas questões ao Dr. Benini, via e-mail. Ele já respondeu?

— Ah! Esqueci de comentar. Sim, e muito boas as respostas. Objetivas, claras, gostei mesmo.

— Pelo que você tinha me dito eram perguntas sobre reencarnação.

— Sim, as primeiras dez perguntas.

— Primeiras perguntas? Parece que você está realmente interessado no assunto. Aliás, de tudo que você participa procura se aprofundar, me orgulho muito disso, como você sabe. – Flávia sempre procurava incentivar os filhos, e a ocasião era oportuna. Estavam saindo de um evento no qual o outro filho era o herói do público, enquanto Caio estava na vigência de tratamento por medo de falar em público.

— Sim, vou continuar a enviar questões a cada 15 dias, para não tomar muito tempo ou incomodar o meu médico.

— Tenho lido muito a respeito, não tanto quanto Diva, mas já aceito com tranquilidade a existência de vidas anteriores.

— Mãe, para você, qual é a evidência mais significativa de que reencarnação é uma realidade? Seriam as pesquisas científicas?

— Caio, meu filho, para mim não são nem as evidências científicas obtidas em universidades, nem tampouco as experiências de hipnose onde as pessoas descrevem suas vidas passadas. Para mim é a lógica, o bom senso da igualdade de oportunidades, perante uma sabedoria universal. Em uma única vida seria totalmente desigual a chance que todos teriam de evoluir e serem felizes. – Flávia, de chofre, resolve indagar ao filho:

— Você ainda acredita em Deus?

— Interessante o seu adendo "ainda", por acaso os seus conceitos mudaram? Além disso, é também curioso que você coloca a lógica e o raciocínio como um argumento. Não seria uma simples questão de fé? Ou encara por algum ângulo diferente?

— Sim, Caio. É muito comum quando temas relevantes do ponto de vista filosófico são abordados, ouvimos dizer que assuntos de fé e lógica não se misturam. Observo, também, muitas pessoas insinuarem que a religião e a crença em Deus caracterizam pobreza intelectual, e que só o pensamento científico tem validade na época atual.

— Eu penso que atualmente há um abismo separando a ciência da religião. Talvez um abismo intransponível, é o que sinto na universidade.

— De fato há um abismo, mas acredito existir uma ponte de comunicação entre os dois lados do despenhadeiro. Esse abismo foi construído nos séculos anteriores, quando o domínio das civilizações se fez pelo poder temporal aliado à religião institucionalizada. Nosso inconsciente traz uma experiência ou uma vivência de que pensar ou questionar é incompatível com religião.

Permaneceram alguns minutos em silêncio. Caio retoma a conversação.

— Você me falou sobre um sonho interessante, conversou com tia Diva a respeito? Ela frequenta um grupo de estudos lá em Milão e o tio George também era muito estudioso desses assuntos.

— Sim, conversamos bastante. Diva entende que são reminiscências de vidas anteriores. Seriam fragmentos dessas vidas que viriam à superfície do meu consciente, motivados por situações atuais que, de certa maneira, entrariam em sintonia com meu passado. Eles se chamariam sonhos reflexivos.

— Não me perguntou nada sobre meu tratamento com o Dr. Benini.

— Filho querido, não imagina por quê?

— Imagino. Para não invadir minha privacidade, certo?

— Isto mesmo. O que não significa não tenha eu muito interesse em trocar ideias sobre a sua regressão. E então, como foi?

— Mãe, foi um barato! Eu estava um pouco tenso, mas o doutor é muito simpático, sorridente, mas de uma forma que traduz seriedade e firmeza. Inicialmente fizemos um exercício de relaxamento, com uma música de fundo, que foi uma delícia.

— Depois da sessão perguntei que músicas eram, respondeu-me que músicas de Reiki. Você sabe o que é?

— Conheço, aprecio muito. Trata-se de uma técnica japonesa de relaxamento mental. O terapeuta Reiki, em concentração, absorve energia cósmica e doa para o paciente. Funciona muito bem, desde que o assistido esteja receptivo. E depois do relaxamento o que aconteceu?

— Ele pediu para imaginar uma luz dourada percorrendo todo o meu corpo, me envolvendo e energizando. Depois pediu para imaginar um lindo lugar no campo.

— Claro que você gostou. Da maneira que adora a natureza...

— Depois pediu para usar a minha imaginação criativa e me colocar numa espécie de túnel ou máquina do tempo. Fez umas contagens de um a dez e lá fui eu para o passado.

— Quer dizer que se viu com outra personalidade?

— Sim. É bem essa sensação, ser a mesma individualidade, mas com uma nova personalidade. Como os antigos gregos, colocavam a máscara, a *persona*, para representar, mas eram os mesmos artistas vivenciando outro papel.

— E com que ou com qual personalidade você se sentiu?

— Tá curiosa, *mamma*?

—E não era pra estar? Leio muito a respeito, assisti a uma série de seminários sobre isso, agora meu filho vive essa experiência.

Claro que estou curiosa, interessada e tudo mais.

Caio narrou em detalhes a regressão. Flávia escutou-o atentamente, com a respiração acelerada, emocionada até o final da narrativa. Ao término ponderou.

— Veja, seu medo possuía uma causa ligada a uma vida pretérita. Deixou de haver um fator, uma força inconsciente, portanto pouco controlável, para se tornar uma energia consciente. Sendo conhecida, não pode mais atuar independentemente da sua participação, seu controle e domínio – murmurou pensativa. – Padre, veja só! Quem diria?

— Mas amava uma mulher e, segundo o Dr. Benini, registrei no meu inconsciente que amar seria perigoso, equivocado, ou algo do gênero.

— Quem sabe agora descobre uma princesa encantada.

— Quando você casou, pensava que papai era um príncipe encantado?

— Quase, mas descobri que o príncipe na realidade era um sapo.

— Nossa! Que mordaz, mamãe.

— É só brincadeira. Espero que meus filhos encontrem alguém muito especial, é o que mais desejo.

Seguiram conversando toda a viagem. Logo estavam às margens do Lago di Garda e na sua querida Bardolino.

10

A surpresa de Linus

LINUS CHEGARA MAIS CEDO em casa naquela tarde. Dois pacientes seus haviam desmarcado as sessões de psicoterapia. Após um longo banho de chuveiro, Linus vestiu uma roupa leve e se dirigiu à biblioteca à procura do livro que George lhe presenteara alguns meses atrás. Nunca tivera curiosidade de lê-lo, mas agora havia outro fator, de ordem emocional, que o motivava. O saudosismo de conhecer melhor temas de interesse do finado amigo. Além disso – sorriu ao pensar – quem sabe acabaria acreditando que a vida continua após a morte biológica.

Transcomunicação Instrumental era o tema do livro. Tudo começara, segundo pôde depreender, de forma acidental com uma experiência em um simples gravador, efetuada na Suécia por Friedrich Junguerson. O pesquisador não possuía nenhum interesse, até aquele momento, em investigações paranormais quando sucedeu um curioso fenômeno presenciado em seu aparelho de gravação. Junguerson, artista e produtor de filmes, descobre vozes de pessoas falecidas entre os gorjeios de pássaros, numa gravação feita para documentário. Essa experiência ocorreu em 12 de junho de 1959, mas só em 1964 publicou o livro *Vozes do Universo*, traduzido para o português com o título *Telefone para o Além*.

O fato deu-se na sua casa de campo em Mölbno, próximo de Estocolmo, capital da Suécia, quando tentava efetuar uma gravação. A partir dessa data, dedicou-se com interesse crescente a essa tarefa, como verdadeiro desbravador da Transcomunicação.

— Interessante – murmurou baixinho. – Muitas das grandes descobertas parecem dar-se por um acidente ou incidente. Nesse caso, também não houve a intenção de se demonstrar a existência de outra dimensão, mas, se forem reais, as comunicações teriam partido de lá para cá.

Olhou o relógio, ainda era cedo, resolveu ligar para Diva. O telefone chamou diversas vezes caindo na secretária eletrônica. Deixou uma mensagem.

— Olá, querida cunhada. O mano George me deixou um livro sobre Transcomunicação Instrumental, assunto que você deve entender. Estou ficando meio pirado. Ligue-me logo que puder, para trocarmos umas ideias. Pode ligar a qualquer hora, vou ler até alta madrugada. Um beijo do Linus.

Continua lendo. Admira-se ao encontrar entre os primeiros interessados nessas pesquisas, apesar dos resultados iniciais serem pífios, Thomas Alva Edson e Marconi, dois grandes vultos da história da ciência moderna. Passa, à medida que desenvolve a leitura, a observar que o tema não é uma especulação da ignorância ou da sensibilidade de pessoas que, desesperadas, buscam saídas psicológicas ou fantasiosas para a perda de seus entes amados. Ao contrário, investigadores isentos de interesses escusos dedicam-se com afinco às pesquisas em diversos pontos do planeta.

Linus olha o relógio. Telefona de novo, sem sucesso. Pensa em voz alta.

— Diva não chega em casa. Estou ansioso para conversar com alguém sobre o assunto. Mas esse alguém só pode ser quem me conheça bem, outra pessoa iria me considerar fora da realidade.

Principalmente pelo fato de lidar com pessoas emocionalmente instáveis. Além do que Diva conhece muito bem o tema e é um papo sempre agradável.

Novamente fala consigo mesmo.

— Aparelhos para falar com os mortos. Preciso me cuidar para não me comprometer.

Aos poucos vai se abeberando dos termos e expressões utilizadas pelos novos cientistas. EVP – *Electronic Voice Phenomenon* – que corresponde ao eventual aparecimento de vozes extras, isto é, paranormais, em uma fita magnética, após uma gravação eletrônica. A ocorrência se dá ao fazer-se uma simples gravação ou deixar correr a fita na posição de gravar, em ambiente silencioso. Vozes estranhas são percebidas ao se repassar a fita para ouvir o que foi gravado. A EVP foi o ponto de partida da Transcomunicação Instrumental com a dimensão extrafísica. Konstantine Raudive publicou, em 1968, um livro contendo 72 mil frases por ele registradas pacientemente.

— Ah! Se fosse verdade! Como gostaria de ouvir a voz de George. Ou será que ficaria assustado? E, se eu estivesse morto e enviasse uma Transcomunicação, como me sentiria se os amigos ou parentes ficassem com medo de mim? Puxa! Seria frustrante – sorriu outra vez. – Acorda Linus! Não fantasia demais!

Prosseguiu na leitura da obra. Na sequência, o autor comentava: "Em Luxemburgo, o casal Harsch-Firschbach desenvolveu excelente pesquisa obtendo imagens na TV. Na Alemanha, Peter e Gisela Haerting, na cidade de Darmsdadt, iniciaram as investigações pelo sistema EVP devido ao senhor Haerting ser diretor de som do Teatro Estadual daquela cidade, portanto preparado para esse mister".

Seguiam-se inúmeras referências, datas, publicações, um imenso rol de autores. Anota uma delas. Em publicação da Metascience Foundation Inc., intitulada *Unlimited Horizons*,[1] o engenheiro George Meek publicou um extenso artigo abordando o tema: "O Futuro da Comunicação Instrumental e Telepática, sob o Ponto de Vista Cósmico".

Enfim, o telefone toca.

— Pronto! É Diva?

— Nãoooooooooo, é um espírito, seu bobo!

— Oi, cunhada, pelo visto você está bem, até fazendo brincadeira.

— Linus, o fato de se sentir a dor da perda não significa que não devamos reagir, você não pensa assim?

— Sem dúvida, Diva. Essa é a postura que eu esperaria de alguém como você. Como está Bella?

— Para a idade, até que está muito bem.

Mudou o enfoque da conversa. A temática do falecimento de George e as repercussões sobre ambas não eram um tema que gostaria de abordar por telefone.

— Sabe, Linus, fico muito feliz por você estar lendo esse livro.

— Pelo fato de ter sido presente de George, você quer dizer.

— Não só por isso. Novos horizontes vão se abrir para você. Mas fale-me a respeito daquilo que está lendo. O que já absorveu sobre Transcomunicação Instrumental?

— Estou entusiasmado pelo Spiricom, aparelho inventado por George Meeck e William Hohn O' Neil. Nas experiências de comunicação do espírito, os diálogos são sérios e interessantes. Só não compreendi quando em um dado momento o espírito diz: "... do seu lado a constante implementação de audiofrequências e uma porção daquilo que é normalmente disponível aí com você". O que significa "a porção daquilo que normalmente é disponível"?

[1] vol. 9, n. 2, 1990.

Em outras passagens, dá-me a impressão de que as pessoas exalam uma substância ou algo do gênero.

— Sim, os experimentadores em geral são médiuns de efeitos físicos, doam uma substância chamada ectoplasma.

— Isso porque a maioria dos médiuns expele inconscientemente essa substância. Tenho anotado diversas referências a esse respeito. Envio por fax, logo em seguida, meus estudos sobre ectoplasma. Leia-os e me telefone logo depois, ok? – desliga o telefone.

Diva procurou as anotações das palestras, cursos e seminários que frequentava no Sentieri Dello Spirito, entidade muito organizada, dirigida pelo casal Zanella em Milão. Após alguns minutos de busca, localizou resumos das aulas sobre ectoplasma e separou-os para enviar por fax. No íntimo, exultava pelo interesse do amigo aos assuntos que ela e o marido se dedicaram com afinco. – Escreve no alto da folha:

> *Olá, Linus, segue o fax com o resumo do nosso curso sobre ectoplasma. Veja bem, são apenas anotações! Leia Fatos Espíritas e Sir Willian Crookes. Bom proveito. Abraço, Diva.*
> *Ectoplasma (se for muito material, leia depois, com calma.):*

1. *Conceito: Substância exalada pelo médium. A sua manipulação, inconsciente ou por inteligências externas, determinam fenômenos físicos.*
2. *Interação corpo físico/corpo astral: O ectoplasma demonstra uma interação constante entre os dois corpos ou veículos da consciência, o corpo biológico e o corpo astral.*
3. *Forma: Inicia exteriorizando-se em cordões e tende à forma humana, modelado pelos campos vitais das células físicas e do corpo astral.*
4. *Instabilidade: Há um equilíbrio instável da forma física humana com a forma humanóide (lembrando a elasticidade de um fantasminha).*

5. *Subordinação à consciência: As manifestações do ectoplasma dependem de fatores psicológicos derivados da vontade e da emotividade de um comando inteligente. (Então, Linus, muita informação? Tá cansativo? Se quer levar a sério, vamos levar a sério). Diva*
6. *Raio de ação: Em torno do corpo do médium. De natureza sensível, tem tendência automática (reflexo?) de retornar e ser reabsorvido pelo corpo.*
7. *Fenômenos de efeitos físicos (Linus, olha só! O que você queria.): O ectoplasma do médium está relacionado à mediunidade de efeitos físicos sendo manipulado pelos espíritos desencarnados.*
8. *Projeção astral: A exteriorização de ectoplasma pode ocorrer, também, quando o médium está em desprendimento (viagem astral).*
9. *Vias de eliminação: A saída do ectoplasma dá-se pelos orifícios naturais do organismo (boca, ânus, nariz, genitais, etc.), é possível que saia por todos os poros.*
10. *Coloração: Esbranquiçada variando de tons mais claros a escuros.*
11. *Reação térmica: Abaixa a temperatura do ambiente humano em contato imediato.*

Diva procura a sequência das folhas de seu curso, mas não as localiza.

— Puxa! Pensei tê-las deixado por aqui, rabisca então na folha do fax: "Faltam mais itens, estavam por aqui, logo que os localizar eu envio. Quer continuar o papo, por telefone enquanto isto?"

Segundos depois, soa a campainha do telefone.

— Pronto. É você?

— Agora sou eu quem diz: Nãoooooo... é um espírito, sua boba!

— Riram-se ambos.

— Diva, que tal a gente sair para jantar e conversar melhor sobre esse assunto?

— Querido cunhado, você sabe que nem todos são tão fraternos como nós.

— Não entendi.

— Apesar de você ser o psicólogo não tem, como todo homem, algumas percepções mais sutis como as mulheres.

— Estou cada vez entendendo menos.

— Vou explicar. Devido à morte recentíssima do George, e, sendo nós já velhos amigos, ao sairmos para jantar, à noite, leva sempre a considerações maliciosas de outras pessoas.

— Que bobagem. E você se preocupa com isso?

— Da mesma maneira que você se preocuparia se estivessem comentando absurdos sobre sua mãe, por exemplo.

Linus assusta-se com a colocação, mas retoma o diálogo.

— Significa, na sua maneira de entender, que não podemos nos encontrar para um papo amigo?

— Podemos, sim. Nada impede que eu e Isabella convidemos você para vir aqui em casa. Poderemos conversar à vontade e longamente.

— Marcamos um jantar?

— Não, Linus. Fica melhor um almoço no domingo e toda a tarde para nós três conversarmos, olharmos os livros sem pressa alguma. Entende agora a diferença, a sutileza e a elegância?

— *Madonna mia!* Que puxão de orelha!

— Depois de tantos anos de amizade, meu amigo, essas formalidades poderiam ser dispensadas, mas por que atiçar a curiosidade mórbida das pessoas?

— Ainda considero exagero.

— Vamos combinar o dia?

— Você manda. Domingo ao meio-dia poderia ser?

— Continua fazendo bem um peixinho grelhado?

— Como ninguém faz.

— Venha, então, às 11 horas, fazemos o peixe aqui.

— Posso escolher e levar. Eu prefiro assim.

— Combinado. Olha só, achei as outras folhas, caíram aqui perto, vou enviar por fax. Dá o sinal pra mim, tá?

— Ok.

Diva passou os itens restantes, enquanto sorria do diálogo com seu velho amigo. Lembrou-se do marido e sentiu seus olhos marejarem-se. Escreveu:

(Linus, confirme se chegou bem o fax. Continuando os itens.)

12. *Sensibilidade ao olhar: A ação mental dos circunstantes movimenta o ectoplasma.*
13. *Fotossensibilidade: É sensível à luz branca comum podendo ser por ela modificado.*
14. *Densidade flutuante: Como desenvolve manifestações orientadas pelas mentes do emissor ou de outrem, pode variar de frio, gelatinoso, úmido a viscoso, modificando-se para flocoso, líquido-gasoso, plasmático ou assemelhado.*
15. *Odor: Lembra o gás ozônio = nitrogênio.*
16. *Composição química/combinações: Contém substâncias do corpo etérico do médium (fluido vital), do corpo biológico, e substâncias externas, direcionados por mentes extrafísicas. Foram descritas (?) substâncias albuminóides, glóbulos brancos, células epiteliais, muco e lipídios.*
17. *Seccionável: Pode-se seccionar o ectoplasma expelido para análise laboratorial.*

Espero que sirva como motivação para leituras sobre o assunto. Telefone logo que puder. Diva.

Linus recebeu o texto, leu-o e reforçou a concepção de que o tema nada tinha a ver com interpretações levianas. Tampouco não poderia efetuar qualquer julgamento precipitado. Estava diante de algo que merecia ser analisado com profundidade e, indubitavelmente, interessar-se-ia pelo assunto. No dia seguinte, telefona outra vez para a amiga.

— Olá, bom dia, amiga, sou eu de novo.

— Olá, Linus, dormiu bem? E então, que conclusões já conseguiu tirar do que tomou conhecimento?

— Para começo de conversa, já excluí a possibilidade de ser uma questão tratada com leviandade. Não posso te dizer simplesmente que acredito, no entanto já admito ser algo que me interessa.

— Gostaria de ler mais a respeito?

— O que me atrai é a possibilidade de se efetuar uma transcomunicação instrumental.

— Há outro tipo de transcomunicação muito mais fácil de realizar e tenho participado aqui mesmo em Milão.

— Não brinca! E como funciona isso?

— Trata-se da transcomunicação mediúnica, em que se efetua o contato com seres de outra dimensão através de paranormais que chamamos médiuns.

— E como se exclui a fraude?

— Pelos frutos se conhece a árvore. O grupo que frequento e George também, quando estava conosco, originou-se da mesma turma que estuda no Sentieri Dello Spirito. Dos cursos que participei, e ainda participo lá, retirei aquele resumo sobre ectoplasma. Veja que são estudos sérios, dirigidos por pessoas idôneas e inteligentes.

— Nesse caso poderíamos contatar o George?

— Nada me deixaria mais feliz. Infelizmente, não é assim que funciona. Há toda uma questão ética, e se deve aguardar a manifestação espontânea, com permissão das autoridades do mundo extrafísico. As evocações direcionadas propiciam participações inconscientes dos médiuns ou mistificações de seres que tentam se passar pelo evocado. Enfim, há que se ter uma série de cuidados. Eventualmente, evocações são possíveis, porém em circunstâncias muito específicas e complexas, mas fico te devendo explicação mais detalhada. Lembre-me disso.

— Realmente se fosse muito fácil daria para desconfiar.

— Vou te enviar um site para você pesquisar. Agora não o tenho à mão, envio depois.

— Ok. Estou realmente interessado.

— Quem diria...

— É verdade. Bem, aguardo seu contato. Tchau, Diva, um beijo.

— Tchau, Linus, um abraço.

11

Sonho reflexivo

Flávia procurava ler muito sobre a vida de César Augusto. Seus dois últimos sonhos estavam relacionados com a época desse imperador. Sempre tivera um razoável conhecimento de história geral, mas nunca se detivera, detalhadamente, nesse assunto. Rebuscou a sua biblioteca e escolheu uma obra, leu vários capítulos, fez algumas anotações, e, ao deitar-se, inúmeros pensamentos vieram-lhe à superfície da mente, trazidos das zonas profundas do seu passado longínquo.

Como de hábito, colocou uma música de relaxamento, apagou as luzes e ergueu seu pensamento às energias superiores solicitando que sua mente se abrisse à captação de algo útil para o autoconhecimento.

Lembrou-se que no dia seguinte receberia a visita de Diva e Isabella. Pensou com carinho na amiga e lhe dirigiu uma energia de paz e harmonia. Dormiu rapidamente.

— Será que estou acordada ou dormindo? – pensou de olhos cerrados, ao sentir uma luz dourada e agradável penetrar em seu quarto.

Viu-se novamente em trajes de patrícia romana. O pai conversava com o rico e influente Messala Corvino, esmerado incentivador das obras de Ovídio. O senador ponderava com o ilustre visitante:

— A família dos Pompônios também está muito preocupada com nosso amigo poeta. Comentam que Ovídio ironiza o tradicionalismo e o romanismo tão em voga e necessário para a consolidação dos costumes, não só na nossa cidade como em todo o Império. É de se esperar uma reação de muitas famílias.

Flávia sentia-se observando a cena, mas não conseguia identificar seu posicionamento físico no local. O visitante respondia a seu pai:

— Sim, é verdade. Em várias declamações que tenho escutado, ele descreve o amor triunfando sobre o pudor. Confesso que há um lado apaixonante, mas há, também, um aspecto que incomoda aos mais tradicionalistas.

— Corvino, tu sabes o quanto aprecio nosso amigo, mas ele tem exagerado no erotismo e pende, às vezes, para uma vulgaridade agressiva.

— No meu modo de ver, depois de Virgílio, com sua filosofia profunda, e depois da contradição e ironia de Horácio, uma expressão nova apareceu com este jovem poeta. Uma energia que espelha a nossa época, assim como o grande céu azul se espelha nas águas que correm entre as margens de um rio.

— Não conhecia essa tua veia poética, meu caro Corvino, continue.

— Ele é o gênio da facilidade. Matéria e forma, tudo escorre fácil, como as águas de um plácido regato. A sua poesia nada tem, aliás, de negligência e vulgaridade.

Flávia observava, com a respiração acelerada, a conversa. Sentia-se ora mergulhada no ambiente, ora mais distante desejando escutar melhor. Percebe que Corvino continuava a falar, embalado pela receptividade do amigo.

— Ovídio quer antes de tudo fugir, ao mesmo tempo da repetição exaustiva de Virgílio (o solene hexâmetro) e da expressão difícil dos metros de Horácio. Maneja seus versos, como diria, maneja-os com singularidade e elegância. Reconheço que aborda cada tema tratado sem profundidade, sem compromissos filosóficos, morais, políticos ou sociais. Não é essa a proposta de seu trabalho. Sua genialidade consegue juntar motivos convencionais e fatos verdadeiros, recordações literárias e até pessoais.

Flávia agora se sente fixa no ambiente de Roma antiga. Consegue olhar seus pés e reconhece suas sandálias preferidas – as egípcias. Perde o contato com a realidade contemporânea e passa a vivenciar, intensamente, o diálogo na sua casa.

Messala Corvino se empolga e emociona-se ao falar do poeta. Acrescenta:

— Além disso, ele descreve a vida galante de nossa alta classe social.

— Sem desejar destruir tudo que tu muito bem colocaste, e, mais uma vez reafirmando minha amizade e respeito por Ovídio, precisamos estar atentos para que ele não caia, definitivamente, na desgraça de Augusto. Observe como ele se diverte ao comentar, jocosamente, a descrição de cerimônias militares do exército romano. Recentemente referiu-se de modo desrespeitoso à cerimônia do triunfo dos guerreiros vitoriosos.

— Compreendo. Há outros agravantes também. Embora Ovídio seja admirador de Virgílio, poeta com conotações religiosas, ironiza a história de Enéias, dizendo que, se Enéias era filho de Vênus, a deusa do amor, Roma deveria ser a cidade do amor e não da guerra.

Flávia sente-se esgueirar por entre a sala contígua, desejando escutar a conversa. Se surgisse no ambiente, sua condição de mulher bloquearia a manifestação espontânea do visitante. Só seu pai poderia ser livre e aberto nas considerações políticas com ela. Escuta-o oferecer ao amigo.

— Vamos tomar algo especial? Trouxeram-me um vinho magnífico da Macedônia.

— Não sabia que de lá poderia vir alguma preciosidade, exceto, claro, ótimas escravas.

Flávia percebeu que o pai não dera sequência ao aspecto sensual trazido por Messala Corvino. Sorriu, pensando o quanto se orgulhava da postura dele. O amor entre pai e filha se reforçava a cada dia.

— Nunca poderei decepcioná-lo— murmura com a cabeça baixa.

Seu amado pai sempre protegia a casa de qualquer invasão nesse sentido, mesmo que essas invasões fossem através de conversas esporádicas. Por isso, e por outras manifestações, recebera a justa alcunha de Tribuno Ético.[2]

Serviram-se do delicioso vinho. Propositadamente, a bela jarra deixada próxima não continha um grande volume, como profilaxia de aborrecimentos. Corvino continua.

— Como tu sentes a repercussão da fala de Ovídio quando diz: "Tanto merecem louvor os que cortejam as lindas mulheres de Roma como os que combatem os germanos sobre o Reno!"

— Vejo dois aspectos. O primeiro deles refere-se ao incontrolável prurido de ironizar o militarismo de nossa querida Roma. O segundo aspecto, a tendência, também incontrolável, para expressar sua verve poética no estímulo ao erotismo entre os jovens patrícios.

— Concordo – assente Corvino. – Este é seu temperamento. O pai de Ovídio havia determinado que o filho estudasse direito

[2] A origem e a função de um tribuno eram diversas das de um senador, tratava-se, no caso, apenas de uma alcunha.

e eloquência, deu-lhe uma esposa muito cedo, e tencionava encaminhá-lo na política, de maneira a vê-lo magistrado ou senador. Pretendia, dessa forma, integrá-lo à aristocracia política de Roma. Tais esforços, no entanto, foram infrutíferos, o jovem fugiu dessa alternativa.

Flávia sente-se cada vez mais integrada ao ambiente. Já não parece existir nada mais, além de sua experiência romana. Não é mais um sonho, é uma vivência detalhada. Seu pai anui a Corvino.

— Sim. Desde cedo ele foi dotado de um gosto literário muito delicado, com imaginação ágil e lúcida, ainda que superficial, e de extraordinária rapidez mental, além de um talento natural para a poesia. Ovídio estudou poesia, em lugar de direito. Casou-se, de fato, mas logo se divorciou, tornando a casar-se. Já nos primeiros passos da carreira política, ocupando postos de menor expressão, rebelou-se contra a autoridade paterna, contra a tradição, contra a política de Augusto.

Flávia, enquanto acariciava seu colar de esmeraldas, pensava. "Por que será que minha mãe nunca participa das conversas? Nunca recebe, junto com papai, os seus amigos?" O senador continuava a expor o seu pensamento.

— Ovídio entregou-se de corpo e alma às Musas, e acaba de apresentar ao público seu primeiro volume de poesias, os cinco livros dos *Amores*. Oculta sob um belo nome, Corina, sua amante nos versos, existirá na realidade? Entre as aventuras que o poeta descreve nos seus trabalhos literários, quantas são reais ou fictícias? As descrições são tão flagrantes que nos transmitem a ilusão da verdade. Essa valorização da traição, derrogação do pudor e posturas assemelhadas logo trará dissabores a Ovídio – interpôs o Tribuno Ético.

— No entanto, sejam elas autênticas ou fictícias, permanece indiscutível o valor de sua obra.

— Quanto ao valor literário, admito que Ovídio é um ponto pacífico em nosso diálogo. Meu caro e nobre amigo, Messala Corvino, tu já tomaste conhecimento do que diz Ovídio da *Lex de Adulteriis Coercendis*, recém-promulgada por Augusto?

Corvino engole rapidamente o precioso líquido, digno de estar presente em uma ágape do monte Olimpo e lamenta, mentalmente, a jarra estar vazia. Admite preocupado.

— Que os escravos não me ouçam – disse baixinho – mas nunca vi tanta elegância quanto espírito de desembaraço zombar da primeira à ultima página, sem o dizer abertamente.

A conversa estava se tornando arriscada. Pronunciar em voz alta a admissão de se zombar da Lei imperial fugia ao aceitável na casa do Tribuno Ético. Este resolve, então, mudar o rumo da conversa. Faz um gesto como a olhar uma figura que passa rápido na sala ao lado e diz em voz alta:

— Por isto estamos aqui, não é, Corvino? É preciso que nosso amado César seja sempre respeitado e as leis promulgadas sejam obedecidas.

Flávia sente, nos recônditos de sua alma, o olhar de preocupação de seu pai com o rumo que a conversa estava tomando.

Corvino deixa-se envolver por uma onda de temor e, num gesto rápido, procurando dirimir dúvidas de quem estivesse presenciando a conversa, brada, levantando sua taça:

— Viva, César Augusto!

— Viva, César Augusto! Repete meio sem jeito, o anfitrião.

Flávia adentra no recinto cumprimentando o nobre visitante.

— Salve, nobre Messala Corvino! Nossa casa se rejubila com vossa presença.

Nesse momento, um cantar de pássaros a acorda do seu impressionante e detalhado sonho. Aborrecida, lamenta.

— Que pena! Logo agora quando eu ia participar da conversa!

Por alguns minutos, procura rememorar os detalhes da experiência que tivera enquanto dormia. Após algum tempo, retorna ao sono e retoma o sonho.

Encontra-se nos fundos de sua casa. Era outro dia.

Vê-se, novamente, na sua residência romana. Sente-se alegre. Está sorrindo muito. Dirige-se ao pátio da casa e sussurra: – Como é belo o céu.

Eleva seu olhar ao alto, como se estivesse divisando o universo e este lhe transmitisse plena segurança. Num só fôlego exclama, quase gritando.

— *Buon giorno!!!*

Era assim que Flávia cumprimentava a natureza. Às vezes, permanecia tão contemplativa que nem percebia alguém de longe a observar. Sim, o seu querido *babbo.* Assim se referia ao pai, *babbo*, lembrança que guardava da infância. Tratava-se de um verdadeiro reencontro de almas afins. Pai e filha expressavam o mais puro sentimento entre duas criaturas, o amor espiritual.

— De longe, com olhos vigilantes, mas com verdadeira adoração, o pai sorria ao vê-la tão contemplativa e pensava: "A mais perfeita arte é a natureza. E uma verdadeira discípula da mais perfeita arte é a minha Flávia, que tanto ama a natureza".

A jovem vê-se, logo a seguir, em uma colina bem próxima à sua casa. Transcorria o final de tarde. Segurando as barras do seu vestido, estava ofegante. Corria dizendo:

— Tu estás me colocando em xeque.

Corria, corria, e ao mesmo tempo ria muito.

Cavalgando um puro sangue árabe adestrado em Roma, belo jovem se encantava com aquela maratona. Fingia perseguição à Flavia, num jogo alegre, mas sensual, manuseando o cavalo com destreza e elegância. Após algumas corridas, Flávia, exausta, finge, sorrateiramente, cair no gramado. Aproveitando, o que fantasiavam ambos, ser a última oportunidade, o jovem apeia do animal e consegue abraçá-la. Envolve-a, apoiando-a carinhosamente em seu peito, e fica ouvindo o coração de Flávia que, através de uma pulsação frenética, consegue confessar o quanto ela o esperava e o amava.

O beijo era sempre para ambos como se fosse o primeiro. Era uma espécie de pacto entre os dois, entre as muitas juras que fizeram. Percebia-se dizendo:

— O que é será sempre o que é – referia-se ao amor eterno.

O manto da noite já começava a estender as primeiras estrelas sobre os belos ombros das colinas, quando ambos perceberam estar na hora de retornar. Nesse ínterim, Flávia começa a arrumar sua roupa e percebe algo faltando.

— É claro – diz em voz alta – meu colar de esmeraldas. —Ela adorava esmeraldas, quase todas as joias que recebia continham essa pedra.

Tratava-se de um colar muito singelo e delicado, de uso mais diário do que para eventos importantes, que exigiriam certa ostentação. Percebeu-se, Flávia, procurando em vão seu colar. Escurecia, já era difícil enxergar no gramado. Ela olha para o céu e comenta:

— Tenho, agora, um jardim de esmeraldas. – Daquela data em diante, toda a extensão de sua casa até a colina seria, para ela, um jardim de esmeraldas. Uma imagem simbólica de seu amor.

12

O *déjà-vu*

CHEGARA O TÃO AGUARDADO DIA DA VISITA. Diva e Isabella eram esperadas com ansiedade. Enquanto Flávia animava-se pela perspectiva de longas conversas até altas horas da noite naquele fim de semana, Pietro e Caio sentiam-se curiosos ante a possibilidade de rever a menina, companheira de infância que crescera e, imaginavam eles, deveria ser uma bela jovem.

Isabella, por sua vez, enfeitara-se como raramente fazia, a ponto de causar estranheza à sua mãe, que se acostumara a vê-la sempre com os mesmos jeans e camisetas. Olhou para a filha e pensou: "Como está linda".

Os contatos entre os três jovens ocorriam, ao contrário de suas mães, apenas pelo telefone, em geral ao atenderem chamados de uma mãe para outra. Eventualmente, trocavam alguns e-mails, mas há anos não se encontravam pessoalmente.

Quanto a Diva, desejava preencher o vácuo da saudade, surgido pelos anos de uma amizade sólida com a amiga, mas parcialmente interrompida pela mudança de seu domicílio. Ambas sentiam a distância. Os contatos recentes se tornaram quase superficiais.

É verdade que no último encontro em Milão tiveram oportunidade de restabelecer um diálogo mais longo e sério, mas ambas, bem como suas famílias, colocavam as maiores expectativas no *fine settimana*. Não imaginavam, no entanto, fossem vivenciar, na família, o curioso fenômeno do *déjà-vu*.

O *déjà-vu*, ou fenômeno do "já visto", é uma ocorrência extremamente interessante e frequentemente observável por pessoas sem qualquer vínculo religioso ou filosófico relacionado à aceitação da reencarnação.

Trata-se de uma sensação íntima, uma emoção aparentemente inexplicável que surge de uma forma completamente inesperada. Subitamente, uma circunstância qualquer desencadeia algum mecanismo psicológico ou anímico no qual a pessoa tem a sensação, muito expressiva, de que conhece aquilo que observa, ou que já vivenciou de alguma maneira que não consegue compreender, mas que a emociona sobremaneira.

Algumas ocorrências de *déjà-vu* se dão quando uma pessoa, ao ser apresentada a outra, leva um verdadeiro choque e se pergunta: "Onde já a vi? Tenho a nítida sensação de que a conheço". Posteriormente, fica patente que não houve possibilidade de qualquer contato prévio (nesta vida). No entanto, a emoção permanece muito forte.

Evidentemente, não estamos nos referindo aqui à atração física, que pode ou não coexistir no processo, mas simplesmente à identificação e familiaridade intensamente sentidas. Excluindo-se alguns arroubos ou precipitações de julgamento, certos casos de amor ou antipatia à primeira vista têm correlação com o fenômeno do *déjà-vu*.

Há alguns paranormais que, ao reverem certas pessoas, embora em termos desta vida estejam tendo o primeiro contato, recebem um impacto energético tão forte que determina uma ressonância magnética em seus arquivos espirituais, aflorando-lhes reminiscências pretéritas com grande nitidez.

Passam a desfilar, em sua mente, quadros, locais e situações conflitantes ou afetivas de um passado longínquo, vivido em comum por aquele que agora vê (revê) pela aparente primeira vez.

Abre-se um canal anímico que permite a drenagem de núcleos energéticos adormecidos pelo esquecimento das vidas anteriores.

O fenômeno de *déjà-vu* ocorre também relacionado com locais, além de pessoas. A aura energética não é propriedade apenas dos seres humanos, mas, embora não irradiem como foco produtor de emoções, os objetos, residências e cidades têm sua própria egrégora, pela imantação energética dos pensamentos dos homens que se relacionaram com aquele ambiente. A lei de sintonia sempre se verifica ao identificarmos as vibrações que foram muito representativas, em termos de experiência pessoal anterior.

São muito impressionantes os fenômenos de *déjà-vu* que se verificam por ocasiões de viagens ao exterior, quando o turista de forma repentina e emocionante passa a identificar, em detalhes, um local como se fosse de seu conhecimento prévio, naturalmente, sem nunca ter estado ali e, especialmente, sem nunca ter ouvido falar da sua existência.

Caio havia efetuado recentemente a terapia regressiva com o Dr. Benini. As imagens vistas e, sobretudo, vivenciadas, ainda estavam frescas no seu cérebro físico, trazidas pela luz do esclarecimento atual. Das empoeiradas estantes do seu passado, vieram informações clarificadas pelo sol da experiência do competente médico. O inconsciente do filho mais velho de Flávia abrira uma janela psíquica para outras percepções.

O soar de uma buzina anuncia a chegada das aguardadas milanesas.

Pietro, sempre mais expedito, adianta-se em direção ao belo Mercedes negro para recebê-las. Cumprimenta a ambas, e não consegue disfarçar sua admiração pela beleza de Isabella, mas desvia seu arroubo em outra direção. Manifesta, então, seu entusiasmo diante do carro.

— *Mamma mia!* Que bela máquina! – Diva sorri, ante a espontaneidade do jovem e logo o identifica.

— Pietro, como você está diferente! – corrige em seguida. – Sempre bonito e elegante.

— Puxa, tia Diva, que saudades de vocês duas. Isabella, sim, que está bonita, parece uma flor!

Flávia e Caio se aproximam. Os olhos do rapaz marejaram-se, subitamente, ao encontrarem o brilho azul-claro irradiado pela íris da garota. Sentiu-se perdendo a voz, conseguindo apenas sorrir para ambas, beijando-as na face. As suas mães, amigas e verdadeiras irmãs sob o ponto de vista espiritual, abraçaram-se longamente, como se dissessem, mutuamente, o quanto se gostavam. Diva, após beijar a todos, brinca.

— Quais cavalheiros levariam as malas para duas damas?

— Claro, levamos, sim – responderam, imediatamente, os dois rapazes, entre sorrisos.

Acomodaram as bagagens de ambas no quarto de hóspedes e desceram para a sala, deixando-as ajeitarem seus pertences. Caio permanecia quase em estado alfa, semiaéreo, encantado com a garota. Emocionado, indaga:

— Mãe, sabe que eu já sei quem Isabella foi em outra vida? – Pietro se interpõe ao diálogo.

— Isabella é idêntica à menina com quem eu tive um sonho algum tempo atrás. Aliás, contei o sonho para você Caio. – Este se surpreende.

— Contou, mano? Quando?

— Lembra-se que sonhei com uma garota loura de olhos azuis muito claros e nós dois estávamos gostando dela?

— Lembrei-me agora. Foi o dia que lutamos na cama e por todo o quarto.

Flávia percebeu o interesse de ambos em Isabella. Veio-lhe à mente um misto de carinho e preocupação pela possibilidade de se desenvolver uma disputa entre ambos.

— Ela é quase prima de vocês – tentou colocar.

— Quase – disseram em uníssono e riram à vontade.

— Meninos, meninos. Olhem lá!

— Eu a reconheci logo que a vi, mãe. Ela é alguém que encontrei na minha regressão. E, mãe, não se preocupe, seja qual for o envolvimento que tiver com ela, será algo muito sério. Afinal com prima postiça se pode namorar e até casar.

Pietro novamente interrompe.

— Essa não, Caio! Não exagera. Vida passada para terapia é uma coisa, mas para justificar que a menina é uma gata atraente é simplesmente uma desculpa que... – nesse momento as duas surgem na entrada da sala e os rapazes resolvem mudar o tema da conversa.

As visitantes se acomodaram no sofá, iniciando animada conversação. Entregaram para cada um dos presentes uma delicada lembrança. Gesto que sensibilizou a todos. Flávia, após manifestar carinhosamente seu agradecimento, asseverou:

— Não temos, no momento, um presente para retribuir, mas fiquem certas que nós três estaremos muito próximos de vocês nestes dias. Estamos sem compromissos e reservamos todo o tempo para efetuar alguns passeios no lago e também conversarmos muito.

Desfrutaram um dia agradável com um belo passeio no magnífico Lago di Garda. De barco, giraram por boa parte do lago e posteriormente, de carro, foram a Lazise e Sirmione. À noite, após um agradável jantar, encomendado previamente, a conversa girou em torno do tema proposto por Caio.

— Tia Diva, quando nós temos um fenômeno de *déjà-vu* significa que estamos revendo algo ou alguém que já conhecíamos em outra vida? Quero dizer em uma encarnação anterior?

— Nem sempre, Caio. Você quer saber mais sobre o assunto?

— Sim, mas preferiria falar em particular, ficaria envergonhado de relatar na presença de todos.

Diva sugere, então, que Isabela fosse conversar com Pietro e Flávia na varanda, aproveitando o agradável clima que se fazia presente. Volta-se para o garoto e procura deixá-lo à vontade.

— Poderia me fornecer detalhadamente os dados de sua experiência?

— Sem dúvida. Adoraria entender bastante do fenômeno.

— Vamos ser objetivos, meu querido sobrinho, se solicitou privacidade, não se trata apenas de conhecer melhor o fenômeno, mas de um fato pessoal.

Caio admitiu. Narrou, inicialmente, o processo de terapia regressiva a que havia se submetido. Deu ênfase ao encontro com a mulher que amava e, sendo padre, e ela casada, tudo o que acontecera. Depois, fez um intervalo, como que tomando coragem e disparou.

— Hoje, quando revi Isabella, senti uma dor no peito e uma emoção muito forte.

— Isabella?

— Sim. Pareceu-me ser aquela mulher.

Diva fitou cuidadosamente o rapaz, e procurou sondar melhor as emoções dele. Escolhendo as palavras, ponderou.

— Não imagine que estou dissuadindo-o de qualquer coisa nem esteja desvalorizando sua impressão. Mas é preciso considerar sempre outras hipóteses.

— Tia, Pietro sonhou com Isabella algumas semanas atrás, não a reconheceu durante o sonho, mas ao vê-la hoje se recordou. Isso é também um *déjà-vu*?

— Nossa, onde fui trazer Isabella... – disse rindo.

Ambos riram, mas estavam levando bastante a sério o que estava ocorrendo. A mãe da garota passou a explicar.

— Sem desejar enquadrar sua experiência, vou dar as noções preliminares sobre o fenômeno. Já estudei muito sobre isso. George sempre se interessou pelo tema e, juntos, participamos de seminários no Sentieri Dello Spirito e em outros locais. Digo isso, para que você possa ficar tranquilo. Não estou falando sem base ou sem experiência. Primeiramente, devemos conhecer as interpretações que contestam a visão espiritualista. Isso é necessário para que não nos tornemos crédulos ou precipitados nas conclusões.

— Tia, eu...

— Escute até o final. Depois quero te ouvir também. A fenomenologia ligada ao *déjà-vu* denomina-se dejaísmo. Há que se considerar a interpretação freudiana de defesa contra medos ou a possibilidade de uma criação do seu inconsciente. Em segundo lugar, há o falso dejaísmo; entenda bem, não estou colocando sua experiência nesse rol, apenas dando as tintas gerais com as quais se pinta o quadro da investigação do *déjà-vu*. O falso dejaísmo pode ser uma simples mentira, uma ilusão ou uma patologia psicológica. Também decorre de intoxicações ou de esgotamento físico e mental. Até aqui alguma pergunta?

— Com relação à sensação de que eu e Pietro tivemos, qual a diferença?

— Considerando a veracidade do fato, excluindo as possibilidades já mencionadas, Pietro pode, veja bem, poder é uma possibilidade, não significa que tenha sido real. Mas, como ia dizendo, pode ter ocorrido um *déjà-vu* projetivo, isto é, durante o sono, em projeção astral, ou viagem astral, ele, você e Isabella teriam se visto, conversado e, ao se reverem, teria ocorrido ressonância com os arquivos recentes de sua experiência. Isso é o mesmo que sucede, em alguns casos, quando as pessoas dizem: "Puxa, esta conversa parece que nós dois já tivemos." E tiveram mesmo, em desdobramento astral, há muito tempo atrás, ou até na noite anterior. Mas lembre-se sempre de não interpretar precipitadamente esses fenômenos. Crendice mantém as pessoas na fantasia e na ignorância.

— Com relação à minha sensação, o que pode me dizer?

— Caio, não darei explicações definitivas, como fazem certos sensitivos ou paranormais mal preparados que se entusiasmam muito e não estudam. Apresentarei hipóteses lógicas, baseadas no conhecimento do assunto, mas você mesmo é quem deve se aprofundar no tema e chegar às próprias conclusões. Concordo que sejam necessários conhecimentos básicos, e, estes, vou passar de forma resumida.

A primeira possibilidade a ser considerada seria a seguinte: você teria conversado com Isabella durante o sono, quando em projeção astral, no mesmo episódio onírico do qual Pietro participou. Ao revê-la, aqui em Bardolino, ocorreu ressonância entre as emoções do desdobramento astral e as emoções agora recentemente vividas. Até aqui, deu para compreender?

— Significa então, nessa hipótese, que não teria nada a ver com vidas passadas?

— Sim. Entenda que não estou afirmando que ocorreu isso, estou informando que também existe esse fenômeno. Dentro desta primeira hipótese seria um *déjà-vu* projetivo. Não seria um *déjà-vu* reencarnatório.

— Admitindo que tenha sido assim, por que eu tive a sensação de ela ser a mulher que encontrei na regressão?

— Antes de analisarmos a segunda possibilidade, ou seja, considerar essa impressão sua como real, devemo-nos lembrar que você acabou de efetuar uma terapia regressiva e, como o impacto da experiência amorosa está fortemente gravado em seu inconsciente, você juntaria uma coisa a outra. Melhor explicando: você associaria a emoção do *déjà-vu* projetivo, ocorrido hoje, com a emoção experienciada na sua regressão.

— E quanto à outra possibilidade, a forte sensação de Isabella ser, realmente, aquela mulher? O que me diz disto?

— Bem, meu querido sobrinho, talvez o tempo seja o melhor conselheiro. Você vai continuar a terapia regressiva?

— Sem dúvida. Enquanto a mamãe autorizar, eu continuarei.

— Neste caso, em vez de mim, melhor seria que seu médico conduzisse isto. Se for verdadeira sua percepção, é importante que vocês entendam o motivo de estarem se reencontrando. Há uma multiplicidade de razões. Preste atenção, não se precipite em conclusões. A razão básica do nascer de novo é buscarmos o crescimento pessoal, buscarmos a felicidade e a sabedoria.

— Tia Diva, você é um amor. Além de conhecer bem o assunto, torna-o muito agradável.

— Vamos conversar com os outros?

Seguiram ambos em direção à varanda. Lá todos saborearam um sorvete de amarena, fruta típica dos bosques da região.

13

Ovídio

FLÁVIA SENTIA-SE COMO QUE MERGULHADA em um redemoinho de luz sendo transportada a outra época. Seu corpo dava-lhe a impressão de ser avantajado, largo e comprido. Suas mãos pareciam se expandir como se fossem elásticas. Percebeu um facho de luz a envolvendo e ampliando-se por todo o quarto.

Por alguns momentos, permanecia na dúvida se estaria acordada ou sonhando. Mentaliza, então, uma proteção superior e resolve se entregar ao processo sem reagir. Sente-se cada vez mais leve e envolta numa névoa suave e agradável.

As imagens surgem e desaparecem várias vezes até se tornarem mais nítidas e fixas. Ora vê-se como expectadora, ora como atriz nas suas visões. Entrega-se completamente ao fenômeno, mergulhando nos arquivos profundos de seu inconsciente.

Passa a integrar-se à paisagem e aos personagens. Não é mais a Flávia de Bardolino, mãe de Pietro e Caio, é Flávia Flamínia, uma romana da época de Augusto. Observa a cena, toma ciência do que acontece ao redor e, num instante, já está pensando no que vestir para a reunião, à noite, na casa do nobre Corvino.

Messala Corvino habituara-se a receber Ovídio em sua residência. Tornara-se minucioso colecionador de poesias, ditos, ou simples frases proferidas pelo eminente poeta. Em função dos crescentes boatos, preocupava-se cada vez mais diante da possibilidade de exílio do seu amigo. Na intenção de desenvolver alguma estratégia que evitasse o degredo, envia um mensageiro à casa do Tribuno Ético.

A mensagem solicitava a presença do amigo para dialogarem acerca do problema e estudarem alguma solução. O recado estendia o convite à sua esposa. Como Sílvia alegara indisposição, sintoma habitual para evitar atender quaisquer pedidos do marido, este convidou Flávia para acompanhá-lo na reunião proposta pelo protetor do poeta. Assim, pai e filha à noite se dirigem à bela vivenda de Messala Corvino.

Após as saudações de praxe, e algumas iguarias servidas pelos escravos, Corvino vai direto ao assunto.

— Se desejamos auxiliar nosso artista, caso nos seja facultada a oportunidade, imprescindível que conheçamos os detalhes de sua vida desde os primórdios da infância. Quais as informações que nossos nobres convidados gostariam de ter, para se considerarem bem situados? Peço também às patrícias romanas, aqui presentes, que participem desta reunião, de maneira a exporem suas dúvidas ou contribuições.

Um elegante tribuno, da família dos Pompônios, trouxe o questionamento inicial.

— Nobre Messala Corvino, com que idade Ovídio adquiriu fama em nosso meio e qual o seu histórico familiar em termos de simpatia pelo nosso imperador Augusto?

— Ovídio, aos 30 anos, já era famoso em Roma. Seu pai, rico proprietário em Sâmnio, era um peninsular da velha estirpe, inimigo das belas letras, a que chamava *inutile studium*, e, obediente à moda tradicionalista da época, desejava contribuir, também, para a grande restauração romana iniciada por Augusto.

A seguir, representando a família dos Fábios, um simpático e idoso senhor lança nova indagação ao anfitrião.

— O venerado Virgílio, tão admirado por Augusto, foi alguma vez criticado de maneira ofensiva pelo nosso poeta?

— De forma alguma – apressa-se a dizer Messala Corvino – embora sejam estilos diversos, até antagônicos em alguns aspectos, mesmo criticando o trabalho literário de seu distante antecessor, ele confessa: "A poesia épica de Virgílio é um trabalho difícil, superior às minhas forças".

Flávia, acomodada entre belas almofadas, encantava-se diante da clareza com que os pensamentos eram expostos e com o autêntico e desinteressado objetivo dos presentes em proteger o artista. Pensava consigo mesma, enquanto se efetuava aquela reunião, quantas outras de gênero nada familiar ou cultural ocorreriam em muitas casas romanas. Agora seu pai expunha sua preocupação.

— Além de desenvolvermos nosso horizonte cultural aprimorando o conhecimento sobre Ovídio e nivelarmos nossas informações sobre sua vida, necessário se faz manter-se claro o foco do problema. Recordemo-nos da postura de nosso artista que parece conflitar com os interesses do Império. Lembro a todos que seus inimigos o atingem, duramente, com a acusação de solapar a integridade da instituição familiar. Principalmente, porque costuma se gabar de suas aventuras dizendo: "Eu não quero desculpar-me dos meus costumes dissolutos, reconheço que eles o são".

— Nosso poeta entregou-se de corpo e alma às Musas, e seu primeiro volume de poesias, os cinco livros dos *Amores*, já chocou nossa aristocracia – reforçou Messala, acrescentando:

— Apesar disso, Ovídio é acolhido em quase todas as casas de Roma, e não se pode dizer se também não na de Augusto. – Essa afirmação provocou um desconforto em muitos dos presentes, pois a alusão tinha um tom que poderia se referir a Lívia, a imperatriz.

Flávia percebeu a habilidade de seu pai na colocação dos argumentos e como evitava ser parcial. O senador mantinha seu respeito ao imperador, apresentava suas preocupações e reconhecia os deslizes do poeta. Contudo, o fazia no sentido de esclarecer a seleta plateia, situando-a na dinâmica política do Estado.

Paralelamente, admitia sua admiração por Ovídio, o que não o impedia de discordar de certos comportamentos do poeta. Suas palavras a seguir foram enérgicas e prudentes.

— Não me consta que Ovídio seja acolhido na casa de Augusto – disse, olhando na direção de Messala Corvino e continuando sua exposição. – Não obstante seus poemas provoquem a admiração da alta sociedade, considero que ninguém teria tido coragem de admirá-lo se não houvesse o enfraquecimento dos tradicionalistas. Se este partido tivesse se conservado o mais forte, como nos anos anteriores, Ovídio não teria ousado escrever certos poemas.

Todos os olhares convergem para o pai de Flávia. O senador continua explanando.

Seu livro, recém-copiado logo após a promulgação da lei contra o adultério, não teria sido tão ousadamente escrito. A intenção do poeta pode ter sido outra, mas algumas de suas inteligentes e sarcásticas colocações estão sendo consideradas como uma tentativa audaciosa de literatura subversiva, que minaria a restauração do Estado, empreendida por Augusto.

Flávia, apesar do silêncio das demais patrícias, encoraja-se para se manifestar aproveitando o ensejo da fala do pai. Tomando fôlego, e preparando-se para suportar os olhares invejosos de algumas damas nobres, indaga:

— Nobre senador e meu querido pai, a opinião pública estaria, neste momento, inclinada à indulgência e à tolerância com relação às posturas de Ovídio? Conquanto sejamos adeptos da ideia de nosso César, aceitando a Lei que coíbe o adultério, qual a visão do povo a esse respeito? Essa opinião tem algum peso no destino de Ovídio?

O senador escuta atentamente, disfarça seu orgulho e alegria ao ver sua amada filha se manifestando.

— Flávia, filha querida, a opinião pública, neste momento, realmente está inclinada a toda permissividade, seja ela qual for. O adultério se inclui nesse comportamento, e nosso amigo poeta é uma representação viva dessa atitude permissiva. Suas ideias poderiam atrapalhar o projeto de Augusto, no sentido de combater a dissolução familiar. Para nosso imperador, é intolerável a postura ostensiva dos adúlteros e custa-lhe aceitar a tolerância popular nesse sentido.

Como todo hábil diplomata e político, o senador devolve a palavra para o anfitrião, solicitando que ele comente a invasão da Germânia pelas legiões romanas. Sabia que Corvino tinha uma opinião a esse respeito, bastante clara, compreendendo determinados objetivos do imperador.

— Nobre Messala Corvino, poderia nos explanar sobre os objetivos políticos, além da óbvia expansão do Império, do envio de tropas para a Germânia? – percebeu a satisfação do anfitrião ao lhe ser devolvida a primazia das atenções dos convidados.

— Permita-me perguntar, nobre Tribuno Ético: qual a relação dessa questão com Ovídio? – questiona um dos convidados.

— Deixo para nosso anfitrião explanar, pois ele é mestre nessas percepções – interpõe, sagaz, o senador.

— Sim, a invasão da Germânia, além de consolidar nosso domínio na região, traz um aspecto muito importante que contribui para a consecução dos objetivos de nosso imperador. Percebam a ligação sutil com a questão que nos preocupa nesta noite.

Continuou explanando.

— A aristocracia romana, após ter superado a possibilidade de sua destruição por ocasião das guerras civis, com o passar dos anos e com a estabilidade que conseguiu no governo de Augusto, vem agora se entregando a um suicídio lento.

Pompônio se inquieta, procura sondar com o olhar diversos patrícios presentes e mantém-se atento na escuta. Corvino dá sequência ao seu discurso.

— Muitos são os sinais observados que preocupam a Augusto. A indolência, o intelectualismo vazio e a volúpia. Segundo a observação de Augusto, este novo modo de viver vem corroendo a jovem geração. À medida que a paz fez desaparecer a lembrança das guerras civis, a inércia toma conta da nova geração. Infelizmente, nosso estimado Ovídio, poeta, gênio da arte, que tanto nos encanta, é também uma personificação desses três sinais: a indolência, o intelectualismo e a volúpia.

— Nossos jovens são também esportistas, estudam, enfim desenvolvem outras atividades – considerou o representante da casa dos Fábios.

— Concordo. Em face, porém, da dissolução familiar em curso, não podia Augusto deixar de conceber a necessidade de um medicamento mais agressivo que as leis e os discursos: mudar o direcionamento da energia de todos. Para um romano imbuído de ideias tradicionalistas, nenhuma postura pareceria melhor que a volta a uma política de expansão. Amigos, a aristocracia romana fortalece-se nas tradições dentro de uma armadura guerreira. Fortalece-se inclusive para resistir às forças da dissolução. A paz, alongada excessivamente, atrofia a energia da nobreza. Entre as causas que tornaram a nobreza indolente e excessivamente voltada aos prazeres, está a paz. Assim como estamos não se podem realizar grandes feitos. As gerações novas preocupam-se apenas em construir vilas faustosas à beira-mar.

Flávia escutava atentamente, quando seu pai pede a palavra para acrescentar.

— Desta forma, Corvino está a nos explicar que, na visão de Augusto, a campanha da Germânia poderia ser um remédio eficaz para a indolência da nova geração, e, por extensão, o contraveneno ao erotismo contido nos versos de Ovídio.

— Exatamente, exatamente isto! Augusto, encarregado pela Itália de conservar os princípios adequados à aristocracia, entendendo que a nobreza tradicional é a melhor defesa do Império, chegou à conclusão de que a paz torna a todos cidadãos preguiçosos e fúteis. Concomitantemente poetas como Ovídio convidam a todos para a volúpia.

Após algumas horas de reunião, e o vinho estar sendo largamente servido, as manifestações passaram a perder a consistência. Tornou-se, no entanto, acordado entre todos que tentariam atuar em três frentes diferentes. Alguns procurariam Ovídio para recomendar maior prudência e comedimento nos seus versos.

Outros fariam observações a Augusto, e seus próximos, comentando da importância em existir uma voz que soasse diferentemente dos padrões para dar-se oportunidade a enfoques novos que poderiam ser detectados e analisados.

Além disso, seria interessante pelo ângulo político que o aspecto cultural permanecesse valorizado pelo imperador. Um terceiro grupo atuaria junto ao senado e demais patrícios, divulgando trabalhos do poeta que não comprometessem o projeto de Augusto. Pairava no ar, apesar disso, a sensação de que o pior estava para acontecer.

14

Novo e-mail

Dr. Benini observou que chegara nova correspondência do jovem Caio. Outra relação de questões sobre reencarnação, evidenciando o real interesse do seu cliente em se inteirar do assunto. O médico sorri, satisfeito. Apreciava conversar sobre o tema, e nem sempre se deparava com pessoas que levavam essa questão a sério, demonstrando algo além de simples curiosidade.

Leu atentamente as dúvidas e redigiu as respostas. Enviou a seguinte correspondência eletrônica.

Caro Caio, recebi suas questões. Seguem, abaixo, as respostas.

11. *Leva-se muito tempo entre uma vida e outra? Ou seja, quanto tempo há de intervalo?*
    Depende da situação específica de cada pessoa, do seu merecimento ou evolução e, também, do compromisso com seus vínculos espirituais e materiais.
12. *O relacionamento que se teve com os que aqui ficaram (vivos) na Terra, tem influência sobre quem partiu para o outro lado?*
    Parentes, amigos, amores, desafetos... Sim, são fatores que

influenciam. Poderemos detalhar este aspecto em outra oportunidade.

13. *O tempo entre uma vida e outra é muito variável?*
Sim. Há quem reencarne meses após a morte física. Há quem leve séculos. Existe organização no astral que coordena isso.

14. *Todos os espíritos desejam reencarnar?*
Alguns não têm condições de escolha e são conduzidos ao retorno sob orientação dos superiores.

15. *Pode-se reencarnar "na marra"?*
Com suavidade, mas há uma determinação dos espíritos superiores. Denominam-se reencarnações compulsórias.

16. *Há um programa básico para cada nova vida?*
Sabe, Caio, suas perguntas são bem inteligentes. Sim, as linhas gerais da vida são relativamente determinadas, para a melhor lição educativa ao espírito.

17. *Andei estudando e anotando antes de perguntar. Os espíritos podem participar da programação básica da sua reencarnação?*
Sim, se eles tiverem nível de evolução espiritual para isto.

18. *Se um espírito não estiver a fim de reencarnar, relutar, etc., isso existe? O que acontece com ele?*
Existem casos assim. O livre-arbítrio se estende, também, ao mundo da dimensão espiritual. Pela ignorância, se prejudicam, quando assim agem. Retardam seu crescimento, que, no entanto, mais cedo ou mais tarde se fará.

19. *Posso questioná-lo se há evidências científicas de reencarnação?*
Sim, há. Gostei como perguntou: Evidências. Rigorosamente, não seriam provas, embora eu as considere satisfatórias em volume de casos, em nível de seriedade e em qualidade, as evidências coletadas pelas universidades envolvidas.

20. *Caso existam pesquisas oficiais em universidades, o senhor poderia citar uma importante?*

A Universidade de Virgínia nos Estados Unidos, por exemplo, tem um trabalho com mais de 2.000 casos pesquisados pelo neurologista Dr. Ian Stevenson.

Conforme combinado, enviei só dez perguntas. Tenho mais algumas, posso enviar? Quando? Mamãe também me orientou na elaboração das questões.

Envie logo todas. Respondo assim que puder. Recomendações à sua mãe. Caio, entre no chat de estudos, que vou lhe informar, e trocaremos ideias em tempo real, hoje, 23 horas.

O jovem leu e releu as respostas. Cada vez mais se entusiasmava com o tema. Após lê-las diversas vezes, efetuou algumas anotações. Mostrou-as à mãe. Flávia comentou.

— Algumas dessas questões eu poderia ter respondido. Mas nada como ter essa oportunidade com o Dr. Benini.

— Não sei se o que me motiva é saber se Isabella teve outras vidas comigo. Essa perspectiva empolga minha imaginação. O fato, mãe, é que vou estudar essas questões mais a fundo.

— Lembre-se do que Diva te falou.

— Para não me precipitar, não extrapolar nas conclusões, eu sei, eu sei...

— Quanto a estudar a reencarnação, conte comigo. A propósito, sua prima postiça está encantadora.

— Pietro também pensa a mesma coisa, aí reside o perigo! Isto me deixa preocupado, ele é atleta, bem-falante e tudo mais.

— Filho, se ela e você realmente tiveram um passado comum e ambos se reencontraram, isto é, caso tudo não seja produto da sua imaginação, entre ambos se estabelecerá uma química mental que irá definir essa situação.

— Você acredita que os casamentos sejam como escutamos

no ditado popular: "Casamento e mortalha no céu se talha"?

— Lembre-se de que os aspectos gerais da vida, as linhas mestras da reencarnação já estão tracejadas, mas não traçadas.

— Qual a diferença, no caso? Pode explicar melhor?

— Mesmo que exista uma programação de vida, só o seu livre-arbítrio, seu esforço pessoal é que permitirá conquistar ou obter o que está programado. Assim, supondo, veja bem, menino, supondo! Repito, supondo que Isabella e você tivessem uma programação a cumprir juntos, para tal acontecer necessitaria do esforço ou da atitude de ambos. Poderiam, também, desistir, e não se procurarem, não se movimentarem.

Flávia acrescentou.

— Quando eu disse tracejado – aprendi isso com Diva – significa dizer que há uma linha previamente delineada, mas que poderá ser ou não ser preenchida com o lápis da nossa vontade. Se não nos movimentarmos, a linha não se preencherá.

— Mãe, você pode continuar a me assessorar na elaboração das perguntas?

— Claro, meu filho. Adoro esses temas, se você quiser vamos continuar, juntos, a indagar. Deixe-me ver quais relacionou. Voltando à questão de Isabella, tenha bem claro um detalhe, você me conhece bem, não irei tomar nem o seu partido nem o de Pietro, mas estarei sempre oferecendo meu ombro e meu colo, certo?

Caio, então, lhe apresenta as questões.

21. *Como Dr. Stevenson pesquisou?*
22. *Há algum livro publicado?*
23. *O autor, citado pelo doutor, é vinculado a alguma religião?*
24. *Há pesquisas em outros centros culturais?*
25. *E, no Brasil, escutei referências sobre autores brasileiros, há pesquisas nesse país?*
26. *Há outras provas? Ou melhor, evidências?*

Há. sim, Caio. A Terapia regressiva às vidas (vivências) passadas documenta vidas anteriores. Há também a retrocognição hipnótica em que a pessoa relata as vidas passadas.

27. *Qual o momento inicial da reencarnação nesta vida. Ou melhor, gostaria de saber se a reencarnação dá-se quando o bebê nasce ou na gestação?*
28. *Se a reencarnação tiver seu início durante a gestação (?), qual sua visão sobre o aborto provocado? Pessoalmente não me agrada, parece-me que se elimina uma vida humana, não? O aborto seria um mal?*
29. *Como o espírito reencarnado se expressa pelo novo corpo físico?*
30. *Deficiências físicas ou mentais são castigos por atitudes em vidas passadas?*
31. *Algumas respostas suas não me parecem ter relação com a questão da fé, mas com a questão filosófica e com a ciência, estou certo?*
32. *O apóstolo Paulo falava em corpo espiritual. Pergunto: qual o papel desse corpo espiritual na reencarnação?*
33. *Se me der licença, o que o senhor imagina que foi em vida passada? Pergunto para entender melhor do assunto, sem desejar invadir sua privacidade.*

Flávia não contém sua satisfação ao confirmar o espírito investigativo e sério do filho, igualmente aplicado no assunto em pauta. Comenta:

— Agora vamos acrescentar as minhas questões, já que você me deu essa oportunidade. Sobre algumas que relacionei, eu já tenho uma razoável concepção adquirida pelas minhas leituras, mas gostaria de comparar com a visão do seu médico a respeito. A propósito, qual a idade aproximada dele?

— Creio que uns 75 anos, mais ou menos.

— Ótimo, isto facilitará nosso diálogo oportunamente.

— Por quê?

— Se tivesse minha idade, poderia interpretar minha aproximação com outro sentido, mas temos 30 anos de diferença.

— Poderia ser meu avô, quer dizer meu pai – ao dizer isso, lembrou-se dos sonhos com seu pai na Roma antiga. Não soube definir uma sensação estranha que a envolveu.

— Mãe, não gostaria de encontrar um dia outro príncipe encantado?

— Não, ele acaba perdendo o encanto e já sabe...

— Vira sapo?

— Não, não vira. Volta a ser o sapo que já era, tira a fantasia.

Flávia redigiu:

Prezado Dr. Benini,

Agradeço muito sua atenção para com meu filho, tanto no aspecto profissional como nas respostas que lhe dá via e-mail. Caso não as possa responder logo, compreenderemos perfeitamente. Sem pretender abusar de seu tempo e boa vontade, tenho tido sonhos sequenciais, nítidos, extremamente detalhados. Não conheço outras pessoas que me relatem sonhos assim. Vejo-me em Roma antiga e durante o sonho sinto-me como se estivesse vivendo lá. Posso agendar uma consulta médica para ser orientada nesse assunto?

P. S.: Envio anexas algumas perguntas.

Respeitosamente, Flávia.

Após dois dias, chega a resposta via e-mail, tão aguardada por ambos.

Prezado Caio e distinta Sra. Flávia.

Seguem algumas das respostas, de forma sucinta, mas

que podem ser desenvolvidas em outras conversas. As demais, incluindo a curiosa pergunta 33, quem eu teria sido, e a dúvida sobre os sonhos, enviarei depois.

21. *Como Dr. Stevenson pesquisou?*
Estudando MEC (memória extracerebral). Trata-se de uma investigação realizada com crianças de tenra idade que se recordam, em detalhes significativos, de vidas anteriores.
22. *Há algum livro publicado dessas pesquisas?*
Sim. Por exemplo: Twenty Cases Sugestive of Reincarnation.
23. *Esse autor, citado pelo doutor, é vinculado a alguma religião?*
Não, é um pesquisador. O que dá mais peso.
24. *Há pesquisas em outros centros culturais?*
Sem dúvida. Muitos outros, citando: Albert De Rochas do Instituto Politécnico de Paris publicou Les Vies Successives.
25. *E, no Brasil, escutei referências sobre autores brasileiros, há pesquisas nesse país?*
Há uma excelente contribuição do Dr. Hernani Guimarães Andrade, o livro Reencarnação no Brasil. São pesquisas no IBPP (Instituto Brasileiro de Pesquisas Psicobiofísicas).
26. *Há outras provas? Ou melhor, evidências?*
Há. sim, Caio. A Terapia regressiva às vidas (vivências) passadas documenta vidas anteriores. Há também a retrocognição hipnótica em que a pessoa relata as vidas passadas.
27. *Qual o momento inicial da reencarnação nesta vida, ou melhor, a reencarnação dá-se quando o bebê nasce ou na gestação?*
O processo reencarnatório se inicia no momento da concepção ou fecundação. O espírito se fixa ao ovo.
28. *Se a reencarnação tiver seu início durante a gestação, qual sua visão sobre o aborto provocado? Pessoalmente não me agrada, parece-me que se elimina uma vida humana, não? O aborto seria um mal?*

Sim, Caio. A reencarnação se inicia quando o óvulo é fecundado. De fato, o aborto provocado é um atentado à Lei da Natureza, ou Lei de Deus. Os espíritos abortados costumam sofrer muito, conforme depoimentos obtidos por via mediúnica.

29. *Como o espírito reencarnado se expressa pelo novo corpo físico?*

Pelos órgãos disponíveis. Conforme ocorre o desenvolvimento dos órgãos, vão se abrindo os canais de expressão para o espírito. Órgãos ou sistema nervoso deficientes são limitações de expressão necessárias como provas ou expiações do espírito.

30. *Deficiências físicas ou mentais são castigos por atitudes em vidas passadas?*

Não. São reajustes necessários ao desequilíbrio do corpo espiritual. O corpo espiritual registra, armazena as energias de experiências desastrosas em vidas anteriores e agora, automaticamente, pelas vibrações, influencia a genética atraindo essas anormalidades ou deficiências. Não é punição, é consequência.

31. *Algumas explicações suas não me parecem ter relação com a questão da fé, mas com a questão filosófica e com a ciência, estou certo?*

De fato, estudo uma doutrina que se apresenta como "uma ciência nova" que vem explicar aos homens, por meio de provas irrecusáveis, a existência do mundo espiritual e suas relações com o mundo corpóreo.

32. *O apóstolo Paulo falava em corpo espiritual. Pergunto: qual o papel deste corpo espiritual na reencarnação?*

Sim, Paulo já mencionava. Nós estudamos, exaustivamente, esse corpo. Há inúmeros sinônimos para ele: perispírito, psicossoma, corpo astral. O corpo espiritual, fazendo uma analogia, é como um computador que armazenou os registros passados e transmite ou programa as tendências no novo corpo físico. Esse corpo espiritual (perispírito=corpo astral) dá um molde energético, o qual será o orientador do material genético disponível. Digamos que dá o estímulo para a formação do corpo adequado às necessidades cármicas e evolutivas do espírito.

Caio, caso persistam dúvidas, por favor, fique à vontade. Apenas não garanto a brevidade do retorno, mas, com certeza, as respostas ser-lhe-ão enviadas.

Respeitosamente, Dr. Benini

15

Reedição de um amor

PIETRO SENTIA-SE PELA PRIMEIRA VEZ, com relação a uma garota, ameaçado pelo próprio irmão. Caio sempre fora menos expedito nas questões ligadas ao sexo oposto, seu temperamento fazia-o apresentar-se, de hábito, como um jovem tímido, intelectual, reservado, pouco dado aos esportes e, acima de tudo, nada ousado na esfera da conquista amorosa. Pietro, ao inverso, sempre sofrera verdadeiro assédio das colegas da universidade. Em razão desse histórico, o que estava sucedendo não lhe parecia algo compreensível.

Durante os dias que passaram juntos em Bardolino, e demais localidades à beira do Lago di Garda, os três passeavam muito. Percorriam os mais interessantes pontos da região e conversavam animadamente.

Ao contrário das universitárias conhecidas dos dois irmãos, que se encantavam com o dedilhar de Pietro no violão, Isabella elogiava as músicas escolhidas pelo rapaz, mas as usava como fundo musical para a conversa com Caio. Temas ligados aos livros da biblioteca de Flávia e Diva, nunca lidos por Pietro, mas fazendo parte do acervo cultural de seu irmão, eram os assuntos preferidos de Isabella.

Sentados em uma mesa de piquenique, na margem do lago,

os três saboreavam um delicioso lanche preparado com esmero pelas suas mães, saudosas do tempo de infância dos filhos. A água estava azulada e transparente. O sol reluzia naquela superfície como em um espelho.

Aos sábados o lago ficava repleto de famílias que saíam para aproveitar o sol. Diversas crianças corriam e brincavam. Próximo aos três jovens, uma dupla de turistas ingleses, de barba e cabelo comprido, sentados na areia, deixavam metade do corpo cobrir-se com a água, apesar de a temperatura não ser a mais adequada para o banho. Isabella comenta:

— Vendo aqueles ingleses, lembrei-me de uma coisa. Quando estive em Londres, com meus pais, adorava caminhar pelo Saint James Park. As aves mansas me encantavam, até os pardais comiam migalhas de pão em nossas mãos. Vocês sabem rapazes, por que eles se tornam tão mansos? – indagou a jovem.

— Quando estivemos lá, também nos chamou a atenção esse detalhe – acrescentou Caio. – Não sei a razão. E você sabe por que se tornaram tão mansos os pássaros de Saint James Park?

— Aprendi com papai, isso acontece devido ao rigor e à extensão do inverno londrino. Eles se tornam mansos pela necessidade de sobrevivência. Passam a buscar alimento cada vez mais próximo das pessoas.

— Aliando-se ao fato de que ninguém molesta as aves, ao contrário, são sempre muito bem tratadas por todos – colocou Pietro.

— Será que as aves sobrevivem após a morte? O que vocês dois pensam sobre isto? – Isabella levantou a questão mais interessada em avaliar o nível das respostas do que no tema propriamente dito.

— Nossa Senhora! Não tenho a menor ideia – Pietro disse, e logo se arrependeu, percebendo que teria sido melhor ficar calado. Caio, ao contrário, interessou-se pelo tema.

— Não creio que qualquer ser vivo do universo deixe de

existir após a morte biológica. Acredito que há uma essência, uma energia, algo que sobreviva, que transcenda a vida orgânica. Não sei como se chamaria. Não sei se existe, mas, parece-me que, se há um Deus ou Lei natural zelando por tudo, a vida em todos os níveis não deveria extinguir-se com a morte.

— Também penso assim – sorriu a garota, ao perceber a semelhança de seu pensamento com o de Caio.

No retorno para casa o assunto girou em torno do tema: continuidade da existência e vidas passadas. A regressão de Caio foi amplamente comentada por ele, incluindo a prisão e seu amor clandestino. No momento em que Pietro saiu para comprar algo, a pedido de Flávia, a garota resolve questionar Caio.

— Você acredita que reencontrará aquela mulher nessa vida?

— Isabella, eu nunca havia pensado nisto até você ter chegado aqui. A minha emoção de te ver foi muito grande.

— Como assim? Por quê?

O rapaz não acreditava que estava conseguindo suplantar sua inibição. Tomando coragem, olhou bem nos belos olhos da moça.

— Não posso ter certeza, como me ensinou tia Diva, no entanto, pela sensação forte e emocionante que tive ao ver você, foi como se aquela mulher fosse a Isabella de hoje.

— *Madonna mia*, Caio!!!

— Não quero que você pense que estou tentando te impressionar com essa questão, estou sendo muito sincero.

— Caio, vamos avisar que iremos dar uma volta. Precisamos conversar sem interferências. Certo?

— Certo.

Saíram de casa, caminhando. A noite oferecia um quadro ideal para um poeta. O céu, sem nuvens, apresentava-se salpicado de estrelas cintilantes. A lua estava cheia e brilhante. Percorreram longa caminhada na orla do lago.

Os olhos de ambos admiravam a natureza. Esta, apesar da noite, mostrava-se exuberante. Após alguns minutos de comentários sobre o luar, o brilho do lago, as estrelas e demais belezas que a paisagem lhes oferecia, Isabella toma a iniciativa.

— Então, Caio, o que está acontecendo?

— Bella, gostaria de ter a criatividade necessária para dizer... - interrompeu, por alguns segundos, o que pretendia expressar.

— Sim, continue.

— Dizer, da maneira que você mereceria, a intensidade da emoção que sinto por você, e por estarmos aqui conversando, olhando nos seus olhos.

— Eu também me sinto muito bem. Confesso que estou emocionada.

— Como assim?

— Caio, escute. Creio que você não se valoriza o tanto quanto deveria. Parece-me que não se considera capaz de inspirar essa emoção em uma garota. Estou certa?

— Está dizendo que sente por mim o mesmo que sinto por você?

— E o que sente?

— Bella, meu coração se acelera quando te vejo. Sinto meus olhos ficarem úmidos, e sinto vontade de te beijar.

— Vamos com calma! - disse isso, mas pousou sua mão sobre a dele.

O rapaz sentiu um estranho calor envolver sua face. Lentamente, dirigiu a mão da garota na direção dos seus lábios e depositou um beijo delicado sobre os belos dedos perfumados. Isabella deixou sua mão subir aos lábios de Caio e sentiu a forte sensação do contato. Percebeu um leve arrepio percorrer-lhe o corpo. Retirou suavemente as mãos, fitando seriamente os olhos do jovem. Indagou, com voz entrecortada pela respiração acelerada.

— Você já amou alguém?

— Não. Nem mesmo tive namorada.

— Interessante, o mesmo acontece comigo.

— O quê? Nunca amou ninguém ou não teve namorado?

— Apesar de não concordar em algumas coisas com minha mãe, nesse aspecto penso de forma semelhante a ela. Não namoraria um rapaz para descobrir se ia gostar dele ou não. Ao contrário, só namoraria alguém se houvesse entre nós dois um sentimento prévio mais forte.

— Se eu lhe dissesse que penso a mesma coisa, acreditaria?

— Em qualquer amizade, ou relação entre duas pessoas que se inicia, a condição básica deve ser a confiança, não vê da mesma forma?

— Sim, claro – Caio a olhava, cada vez mais extasiado. — Portanto, Caio, eu acredito.

— Sabe que talvez sejamos seres em extinção? Espécies raras que creem e vivenciam essa postura?

— Não é tanto quanto parece. Conheço outras meninas que agem como eu. Outras garotas, para se fazerem de modernas ou serem bem aceitas pela turma, procedem de maneira mais superficial, mas, no fundo, pensam parecido conosco. Quanto aos rapazes, o que me diz?

— Na voz corrente, a quantidade de namoros ou relacionamentos é o termômetro que registra o quanto alguém é quente – acrescentou logo em seguida. – Quanto a mim, me considero suficientemente maduro para não ser engolido pela boca do lugar comum. Naturalmente, sinto atração por um corpo feminino bonito, mas me reservo o direito de só me relacionar com quem possa sentir algo além dos hormônios.

— Parece que estou sonhando.

— Por quê?

— Assim seria o parceiro dos meus sonhos.

— E a garota com quem eu viveria para sempre – trocaram um olhar afetuoso.

Seguiram caminhando sob o luar e o brilho das estrelas. Observaram as flores, comentaram os estilos das residências, trocaram ideias sob assuntos diversos. Após algum tempo, sentaram-se em um banco de jardim próximo ao lago. Caio retomou a conversação sobre namoro, casamento, família e assuntos do gênero. Isabella impressionava-se com a abordagem do rapaz e este com a similitude de conceitos que ambos tinham. À medida que a conversação progredia, ambos sentiam uma intensa energia fluir entre seus corações. Em dado momento, Caio indaga:

— Posso segurar sua mão?

Isabella, em vez de responder, toca, delicadamente, a mão esquerda na direita do rapaz. Sente um leve rubor na face ao perceber quanto sua mão é acariciada. Caminham dessa forma, mantendo animada conversação. Ao se aproximarem da casa de Flávia, o jovem questiona.

— Entramos assim?

— Eu gostaria.

— Nossas mães aprovariam?

— Você se preocupa mais com elas ou com seu irmão?

— Só se for inconscientemente.

Entraram de mãos dadas. Pietro não conseguiu disfarçar sua decepção e contrariedade. Flávia sorriu, de forma a demonstrar sua simpatia com relação ao posicionamento do filho. Diva, após alguns segundos de silêncio, comenta:

— Pelo que vejo, conversaram bastante.

— Conversamos, mãe. Descobrimos um ao outro e estamos com o firme propósito de continuar a nos conhecer.

Os olhos dos recém-namorados se buscaram em mútuo apoio.

16

Pesadelo

QUANDO OS JOVENS ENAMORADOS ENTRARAM na varanda de mãos dadas, Pietro empalideceu. Nutrira esperanças de conquistar a bela jovem e nem remotamente acreditava na possibilidade de ser preterido pelo irmão, menos dotado fisicamente, pensava com seus botões.

— Meu erro foi sairmos juntos e deixar a conversa ser direcionada a temas que não tenho familiaridade. Se tivéssemos falado de esportes, universidade ou música moderna, tudo teria sido diferente.

Pela primeira vez, fora passado para trás. Uma experiência nova, surpreendente e desagradável. Agravando a situação, o fato ocorrera dentro de sua própria casa, na frente de sua mãe e, acima de tudo, a humilhação havia sido perpetrada pelo próprio irmão.

Sua mente estava confusa, embaralhando os acontecimentos. Decidiu deitar-se mais cedo, colocar um CD do Andrea Bocelli e folhear uma revista esportiva. Logo se aborreceu, desligou o CD, largou a revista e ligou a TV. Após algumas horas assistindo à RAI – Rede Italiana – dormiu com a televisão ligada. Teve um pesadelo.

Pietro viu-se cavalgando em direção a uma grande casa que parecia ser de sua propriedade. A rua apresentava um aspecto medieval, estava pavimentada com pedras escuras e irregulares. A madrugada já se fazia alta. Tratava-se de uma noite formosa, em que o céu se encontrava iluminado pelas estrelas e uma lua esfuziante envolvia a Terra em prata. Soprava um vento frio e o ar à sua frente era cortado por uma névoa espessa. Subitamente, uma figura encapuzada e esguia corta sua frente e lhe dirige a palavra.

— Senhor, senhor, sua mulher pode estar correndo perigo.

— Que me dizes criatura?

— Eu vi sua senhora, a cavalo, próximo ao Ticino.[3]

— Quando?

— Perto da meia-noite.

— Sozinha?

— O senhor não se enfureceria se lhe dissesse? – um olhar malicioso, tão carregado de veneno que até mesmo no breu da noite pôde ser notado.

— Fale logo, seu inútil!

— Nobre senhor, peço-lhe apenas algumas moedas.

Em razão do temperamento presunçoso do jovem inconsequente, o encapuzado procurava assumir uma postura de humildade, tão falsa quanto irritante, chamando a atenção pela hipocrisia. Pietro, no sonho, percebe claramente que retira algumas moedas de uma bolsa de couro marrom e, com desprezo, joga-as no chão.

— Fale logo, verme!

— A senhora estava com o pregador.

— O da igreja ou aquele que mais fala nas praças?

— Oh, senhor! Sem dúvida o das ruas.

Pietro, na personalidade de seu sonho, vinha de atividades noturnas pouco recomendáveis. Com frequência bebia até tarde com "amigos", esses, mais interesse tinham em aproveitar-se do seu

[3] Trata-se de importante rio da região.

dinheiro do que de exercerem o convívio da verdadeira amizade. Buscava, de hábito, a companhia de mulheres e jamais considerara a hipótese de permanecer fiel à sua esposa. Afinal, era homem, pensava, e como tal poderia dar-se às aventuras. Todos os animais tinham muitas fêmeas, costumava dizer, o homem é que criara uma situação inversa à natureza.

Seguiu o mais rápido que pôde para sua casa. Após deixar o cavalo, rumou para a porta principal, penetrou na ampla sala, cujas portas largas abriam-se em direção de bem desenhado jardim, preparou-se para o confronto com a esposa. Tomou um castiçal de prata com três braços de velas esguias, acendeu-as, e colocou sobre um móvel. O ambiente clareou-se, mas parecia obscurecido pelas energias de seus pensamentos e sentimentos. Dirigiu-se para os aposentos íntimos. Encontrou a esposa dormindo.

Parecendo tomado por estranha força psíquica, sentiu um ódio intenso pela companheira. Pensou em arrancar-lhe as cobertas, dar-lhe uma surra, e depois perguntar sobre o que estava acontecendo. Quando já se encaminhava ao leito da consorte, estancou os passos. Pensou um pouco.

— Melhor descobrir os detalhes e, depois, fazer a justiça!

Ao chegar mais perto para conferir se ela estava dormindo, assustou-se. Viu com toda nitidez o rosto da mulher transfigurar-se no de Isabella.

Pietro acorda sobressaltado. Rememora o sonho.

— Que pesadelo! Como eu estava sem controle e prepotente. Será que era eu mesmo? E Bella seria aquela mulher?

17

A condenação

DURANTE O INVERNO, do ano 7 para o ano 8, os exércitos romanos esmagaram diversos focos de insurreição em diferentes regiões do Império. Paralelamente às conquistas territoriais, a faina moralizadora dos costumes era a tônica no governo de Augusto. O imperador mandara o Senado expulsar Agripa Póstumo, por não suportar mais sua presença em Roma, devido à licenciosidade dos seus atos. Após um complicado processo, determinou-se a condenação ao exílio.

Assim, inúmeros cidadãos romanos foram banidos, acusados de comportamentos imorais. O senso de justiça de Augusto e seu rigor nessas questões acabariam por determinar uma catástrofe sobre sua própria família. A jovem Júlia, sua neta, seguira o exemplo de sua mãe, afrontara tão abertamente as leis que coibiam o adultério que fora convidada a retirar-se de Roma.

Em lugar de um processo que significava vergonha pública e confiscação dos bens, sua neta seria enviada para um lugar por ele indicado e poderia esperar retornar um dia, quando ele estivesse menos envergonhado, mais calmo ou não existisse.

As leis existentes puniam com as mesmas penas do adultério o *lenocinium*, isto é, todo e qualquer apoio prestado a outrem para a consumação do adultério, como emprestar a residência para o uso dos amantes.

Ovídio, nosso genial, mas frívolo poeta, que se arvorava em diretor espiritual da jovem nobreza, havia procedido dessa forma, cometido essa imprudência, o *lenocinium*, justamente com Júlia. O poeta havia cedido sua casa para a nobre patrícia encontrar-se com seu amante.

Nessa época o poema mais lido pela sociedade romana era de Ovídio e se intitulava "Adultério". Talvez Augusto houvesse perdoado ao poeta suas atitudes, se o partido tradicionalista não houvesse apontado Ovídio como corruptor da nova geração e de ter encorajado, com sua verve tão brilhante quanto lasciva, os mais constrangedores vícios da aristocracia.

Em vão Ovídio tentara, tarde demais, apresentar-se com um novo gênero de poesia, religioso e cívico. Os choques políticos internos, a revolta na Panônia, a crescente insatisfação entre muitas famílias patrícias, faziam crer à facção séria da Itália que o Império estaria para ruir em breve, se não se exigisse cumprimento rigoroso das leis e prática dos bons costumes.

Punindo Ovídio, coibia Augusto a própria poesia erótica, isto é, uma das forças mais ameaçadoras de dissolução da antiga moral romana. Obrigou-o, então, a sair da capital do Império e, ato contínuo, mandou retirar seus livros das bibliotecas públicas.

Essas expulsões destinadas a servir de exemplo, a reavivar e fortalecer o respeito recomendado aos costumes dos ancestrais, não eram penas determinadas por um tribunal, e sim tomadas pelo mandatário supremo do Estado, no uso dos poderes até certo modo dúbios que lhe haviam sido conferidos numa hora de crise.

Naturalmente que a pena teria sido mais severa se aplicada pelos tribunais, mas, abrandando-a, evitava Augusto o julgamento público, a avaliação das provas, o que, mesmo tratando-se de grandes transgressores das leis, é sempre uma oportunidade de absolvição, tão imprecisos e tão falíveis são os julgamentos dos homens.

Apesar da popularidade de Ovídio, ninguém interferiu. O poeta viu-se abandonado pelos amigos, na questão do seu banimento, fazendo-se o vazio e o silêncio em torno dele, e, mais para o fim do ano, teve de conformar-se com a longa e triste viagem que lhe fora imposta como punição pelo partido conservador novamente revigorado.

Sua participação, com aspectos positivos há um tempo e negativos em outros, estava acabada em Roma.

Depois de tanta criatividade e exercício da inteligência, de haver se empenhado, com sua arte sedutora, em corromper a alma dos jovens seus contemporâneos, via-se degredado para a terra dos getas bárbaros, longe das belas damas de Roma, que sempre o bajulavam, e ia, enfim, poder pensar melhor sobre a "ferocidade das grandes tradições agonizantes" por ele atacadas com tanta veemência, durante muitos anos.

18

Flávia Flamínia

Os encontros de Flávia Flamínia com o enamorado jovem cavaleiro continuavam a dar-se no Jardim das Esmeraldas. Eram momentos de enlevo, plenos de diálogos que enriqueciam o espírito de ambos. Os escritos de Ovídio, que inicialmente costumavam ser o assunto principal, foram substituídos, gradativamente, pelo diálogo mais pessoal e íntimo.

Apesar de em muitas casas romanas a promiscuidade afetivo-sexual ser comum, na morada do senador fazia-se uma rigorosa vigilância nesse sentido. Vivia-se, na capital do Império, uma atmosfera de tensão com relação às questões de família, sexualidade e temas congêneres. As leis de Augusto eram rigorosas.

Flávia Flamínia sempre adotara os mesmos conceitos de seu pai, mas, agora, encontrava-se perdidamente apaixonada. O seu namoro deixara de navegar nas águas tranquilas do mar da inocência para adentrar as águas profundas do oceano dos desejos.

Os dois jovens entregaram-se mutuamente. A similitude de suas opiniões e gostos, a identidade de propósitos perante a vida efetivara a união de suas almas. O envolvimento sexual entre ambos cobria-se de legitimidade no dizer de suas consciências.

Sentiam-se felizes e realizados. A atmosfera suave do jardim das esmeraldas fornecia-lhes o complemento que seus espíritos e corpos solicitavam. A crescente integração entre ambos e a frequência de seus encontros acabaria por ocasionar o inevitável.

Flávia amanhecera com uma sensação estranha. Pensava, e dizia para si mesma, que a alimentação da véspera estivera muito condimentada. Deveria ter-lhe feito mal.

Acordara levemente nauseada. Vestiu-se lentamente. Dirigiu-se à bela e elegante bacia, recém-colocada nos seus aposentos pela escrava de confiança, que percebera a jovem patrícia acordando. Mergulhou suas mãos na água límpida, lavou o rosto e, quando esticou os braços para puxar a toalha, sentiu a cabeça rodar. Procurou apoiar o corpo na parede, mas, subitamente, tudo escureceu. Desfalecera escorregando junto das almofadas coloridas adjacentes ao leito.

Litera, a escrava, amava Flávia por tudo que recebera da jovem patrícia. Amparo, cortesia e respeito como se fora alguém da família. Jamais fora maltratada, nem mesmo desconsiderada como ser humano. Desde criança habitava aquele lar e sabia reconhecer o que lhe haviam proporcionado desde tenra idade, considerando sua condição de submissa ao jugo romano.

Ao perceber o estranho som da queda, presumivelmente de sua ama, a escrava correra para a intimidade dos aposentos de Flávia, defrontando-se com a jovem caída sobre os tapetes persas que enfeitavam o piso do quarto.

Litera era a escrava destinada a servir, especificamente, a Flávia, mas, quando possível, Sílvia não perdia a oportunidade de admoestar a jovem serviçal da filha. Sua jovialidade e exuberância no porte incomodavam a matrona.

A mal-humorada Sílvia não poderia ser perturbada em suas distrações. Usualmente recebia, no belo jardim interno de sua residência, os mercadores de tecidos orientais. Naquele dia, a mãe de

Flávia Flamínia encontrava-se extraordinariamente excitada pela perspectiva de compras de rara beleza.

O mercador fenício exibia os tecidos, auxiliado por um jovem capadócio. Fazia-o com um esmero de causar inveja a um artista. Movimentava-os no ar, descrevendo suas cores, texturas, e, sobretudo, sua raridade.

Sílvia admirava-os, mas fazia muxoxo de pouco caso. Muito menos por não apreciá-los ou considerá-los dispendiosos, muito mais pelo fato de preferir ser considerada extremamente exigente e difícil de ser contentada.

Litera, ao deparar-se com a jovem patrícia desfalecida, mal pode conter um grito que abafou com as mãos à boca. Acostumada a manter-se discreta, evitou chamar a atenção da matrona, que se entretinha nas compras.

Rapidamente, dirigiu-se ao receptáculo da água que havia colocado para a jovem executar a higiene matinal. Embebeu a toalha, de fina tessitura, e iniciou a molhar, delicadamente, o rosto de sua ama. Com palavras carinhosas procurava acordá-la.

Ao descerrar os olhos, Flávia, de início, não consegue perceber o que acontecera. Sorri, ao ver a expressão carinhosa da escrava.

— Que estranho, Litera, parece que fiquei... perdi os sentidos.

— Minha adorada senhora Flávia, como vos sentis agora? – Mesmo sabendo da resposta, a escrava sentia-se na obrigação de indagar, e o fez:

— Como o Tribuno Ético está ausente, devo chamar sua mãe?

— Não, não! – acrescentou um meneio de cabeça demonstrando contrariedade.

— Seja feita vossa vontade.

Permaneceram ambas com as mãos entrelaçadas, como se fossem irmãs. Trocaram um olhar acumpliciado.

— Tenho sentido náuseas há alguns dias...

Apesar da mútua confiança e afetividade existente entre ambas, a distância entre nobreza e escravidão não permitiam, a quem estivesse na condição de inferioridade, indagar além do que se desejasse ouvir. Invasão de intimidade, na casa de Sílvia, poderia ser objeto de severa punição.

— Devo localizar o médico da vossa família?

— Prefiro algumas frutas e aquele vinho da Macedônia que *babbo* tanto aprecia.

— Providenciarei após ajeitar-vos melhor.

Delicadamente, arrumou as almofadas. No seu coração, sentia necessidade de conversar mais, no entanto, aguardaria o momento que sua ama estivesse disposta, física e psiquicamente, a fazê-lo.

Enquanto isso, Sílvia deliciava-se com o verdadeiro espetáculo artístico, desempenhado pelo fenício e seu ajudante capadócio, na exibição das mercadorias. Após menosprezar alguns tecidos e exigir inúmeras referências sobre outros, inclusive sobre quem já os adquirira em Roma, passara a escolher algumas fragrâncias e essências perfumadas.

O astuto mercador, como sempre, informara-se de quantos habitavam a casa e soubera alguns detalhes sobre os residentes. Sem demonstrar ostensivamente, conduzia a nobre matrona a adquirir objetos para todos. Procurando mudar a inflexão da voz, como se falasse de modo que outros não o ouvissem, estimulava o espírito competitivo da sua cliente.

— Na vivenda dos Cláudios, asseverou baixinho, todos os escravos foram agraciados com essa essência. Como é de bom costume entre os patrícios, aqueles serviçais que adentram a intimidade do lar devem exalar um odor agradável enquanto cumprem as tarefas. Inale-a, senhora, sinta o perfume!

Apesar de o odor lhe parecer agradável, Sílvia jamais adquiriria a mesma essência que seria utilizada pelos escravos da família dos Cláudios, o que, sem dúvida, seria uma falta de originalidade e personalidade. O fenício sabia disso e aguardou a manifestação que levaria aos perfumes mais dispendiosos.

— Muito ostensivo para o interior da casa. Veja-me algo mais agreste.

— Tenho algo interessante, feito de *Stella alpina*, tão admirada pelos germanos, mas talvez seja cara demais para uso dos escravos – disse, tentando estimular a vaidade da cliente, no que obteve imediato sucesso.

— Alguns sestércios a mais não me impedirão de adquirir, desde que me agradem as fragrâncias.

Auxiliada por algumas escravas, Sílvia recolhera as compras. Separara para cada membro da família um volume considerável de aquisições e designara às serviçais de confiança a tarefa da distribuí-las a cada pessoa.

Dirigiu-se aos aposentos de Flávia, portando em suas mãos um exótico e forte perfume que, segundo esperava, seria do agrado da filha.

19

Desdobramento astral

FLÁVIA, ABSORTA EM SEUS PENSAMENTOS, mantinha o olhar fixo nas águas do Lago. Deixara cedo o leito. Sua mente girava no carrossel de imagens do sonho que tivera. Como vinha sucedendo ultimamente, vivenciara a personagem de Flávia Flamínia, mas, desta vez, algo diferente ocorrera durante o sono.

Decidiu, então, buscar refúgio na natureza. Contemplava, embevecida, o movimento dos cisnes e das demais aves. Um casal de patos de pescoço verde-escuro desfilava, orgulhosamente, exibindo alegre ninhada de onze filhotes. Deteve o olhar em cada um dos integrantes do grupo observando os detalhes dos movimentos. Necessitava repousar a mente da viagem astral que vivenciara durante quase toda a noite.

Não conseguia compreender como mergulhara nas águas profundas do que já admitia ser seu próprio pretérito. Sentia que o passado remoto eclodia na sua consciência atual através do veículo do sonho, trazendo-lhe experiências cada vez mais significativas.

O sol matutino fazia-se generoso e agradável tornando a superfície do Lago di Garda luminescente e brilhante, como faces de precioso diamante apoiado no colo da mãe natureza.

Tencionava permanecer ali apenas alguns minutos, balsamizando o cérebro com as imagens que a circundavam, no entanto, permaneceu sentada na areia três quartos de hora.

O céu, quase sem nuvens, presenteava aos mais sensíveis um manancial energético de paz e harmonia. Respirou fundo. Olhando para o alto, procurou inalar a energia azul que se encontrava disponível no firmamento. Sentiu-se envolvida pelo ar fresco da manhã que penetrava em seus pulmões. Ao mentalizar o azul do céu, obteve agradável sensação de bem-estar.

Levantou-se, removendo antes alguns grãos de areia de seus pés. Ao passar as mãos pelo peito do pé, veio-lhe, nitidamente, a imagem das tiras douradas da sandália de Flávia Flamínia. Interrompeu seu gesto e sorriu. Pensou consigo mesma: "As tiras cruzavam exatamente aqui".

Nesse momento, um misto de satisfação pela lembrança e preocupação pelo desconhecido a fez murmurar.

— Bem, está mesmo na hora de buscar uma explicação mais minuciosa para o que está sucedendo comigo.

Lembrou-se do Dr. Benini, que tão bem conduzia a terapia regressiva de Caio. Novamente sorriu, ao pensar que o filho já estava namorando Isabella, a filha de Diva, além de demonstrar crescente superação de seus problemas.

Ao imaginar o médico, ocorria-lhe a figura do senador, seu pai, isto é, o genitor de Flávia Flamínia. Caminhando pela praia, descalça, segurando as sandálias com a ponta dos dedos, voltou a raciocinar.

— Por um instante considerei, em meus pensamentos, o senador, pai de Flávia Flamínia, como meu próprio pai. Até que ponto não estaria eu rumando para um distúrbio mental?

Lembrou-se que fizera, há alguns anos, um curso sobre Florais de Bach. Buscou, nos escaninhos da mente, onde estava registrada a informação sobre o sintoma que lhe afligia. Subitamente, recordou-se.

— Medo de enlouquecer, sim, esse era o referencial para o Cherry Plum, o floral de Bach que eu usaria nessas circunstâncias.

Deteve sua caminhada para olhar a bela sequência de tufos de viola tricolor que, abundantes, enfeitavam as calçadas. Observou as cores e os detalhes dos amores-perfeitos dispostos em longas fileiras, cada uma composta por unidades da mesma cor. O amor-perfeito sempre fora sua flor predileta. Em sua imaginação, considerava-os seres simples, descomplicados, mostravam-se inteiramente, isto é, não possuíam pétalas escondidas, possuíam a versatilidade das cores. Voltou sua elucubração para si mesma.

— Não! Eu não temo enlouquecer. Sou lúcida. Quantas situações difíceis já superei?

Desistiu de tomar Cherry Plum. Lembrou-se de Diva.

— Ao chegar em casa, telefonarei para Diva. Preciso contar a ela sobre tudo que me aconteceu esta noite. Logo depois, vou fixar a data para um determinado tratamento com o Doutor Benini. Será que vou procurar o pai dela, Flávia Flamínia? Ou meu próprio pai? – sorriu novamente.

Ao chegar a casa, ligou seu computador e verificou que havia um e-mail do Dr. Benini.

Distinta Sra. Flávia,

Segue, agora, a resposta que me solicitou. Os sonhos são um difícil campo de investigações psicológicas, psiquiátricas e das filosofias espiritualistas. Desconheço o grau de informação que possui, portanto, nada melhor que uma conversa pessoal. A próxima sessão de terapia regressiva do Caio encerrar-se-á às 20 horas e 30 minutos. Se a interessar, poderemos conversar, nós três, sobre o assunto, enquanto saboreamos um tiramisu feito pela minha neta. Ah! Não considere como consulta médica, mas como uma visita de amizade.

P.S.: Em anexo respondo às suas perguntas e à última de Caio.

Respeitosamente, Dr. Benini.

Flávia abriu o anexo e leu-as.

33. *Se me der licença, o que o senhor teria sido em vida passada? Pergunto, para entender melhor do assunto, sem desejar invadir sua privacidade. Desculpe se a pergunta não for adequada. Caio.*
    Fui ainda menos evoluído, menos tolerante, menos inteligente, menos amoroso. Melhorei um pouquinho. Quero dizer, com isso, que todos nós evoluímos a cada existência. Tenho informações minhas de diversas vidas, desde Roma antiga quando fui um senador. Mas essas informações, com certeza, não lhe interessariam.
    Nesse instante, Flávia sente perder o fôlego. Vem à sua mente a imagem do pai. Tomada de emoção, se pergunta: Será o mesmo senador?
    Só após alguns minutos, volta os olhos sobre a última informação. Reviu-a, então, com todo cuidado, e seguiu a leitura.
34. *Os conhecimentos das vidas passadas, nós os perdemos?*
    Não, Sra. Flávia. Estão guardados nos porões do nosso inconsciente. Desculpe, mas veja uma curiosidade, você repetiu o número 33.
35. *O esquecimento das vidas passadas nos é necessário? Por quê?*
    É necessário para facilitar a superação de problemas. Por exemplo, facilitar a convivência com adversários nossos, de vidas anteriores, que renascem no mesmo lar.
36. *Então o passado é apagado?*

Não totalmente. Há situações em que as lembranças de vidas passadas podem ser trazidas à tona do consciente com finalidade terapêutica (Terapia Regressiva). No entanto o esquecimento temporário é necessário para restabelecer o equilíbrio psíquico.

37. *Sob a ótica da reencarnação, qual o seu conceito de família?*
    A verdadeira família é a família espiritual, constituída de espíritos afins que se compreendem e se auxiliam.

38. *Essa visão reencarnacionista não nos exime da responsabilidade junto à família convencional?*
    Não. A maior responsabilidade, aqui na Terra, é junto àqueles que encarnam e convivem sob o mesmo teto ou possuem conosco laços consanguíneos. Assim nos orientam os espíritos superiores.

39. *Os espíritos reencarnam sempre no mesmo sexo?*
    Não. Os espíritos não têm sexo. Conforme a necessidade de sua missão ou prova ou ainda expiação, podem reencarnar como homem ou mulher, sem que isso determine qualquer alteração na manifestação da sexualidade.

40. *A reencarnação em sexo diferente, caso ocorra, tem relação com a homossexualidade?*
    Na resposta anterior já vimos que não. A homossexualidade decorre de dificuldades mais profundas em que o espírito já traz questões adaptativas ao sexo biológico ligadas às situações sofridas nesta vida ou em outras anteriores. Não é a simples mudança de sexo que ocasiona essa situação.

41. *O espírito reencarnado está totalmente fixo ao corpo?*
    Não. Durante o sono, meditação, prece, treinamentos energéticos e outras situações, o espírito pode projetar-se ou desdobrar-se para fora do corpo biológico.
    Espero ter, de forma sucinta, correspondido à sua expectativa.
    Boa noite, muita Paz!

Dr. Benini

20

Conceitos

LINUS DEIXARA A CASA DE DIVA com o espírito enriquecido de informações acerca da vida extrafísica. Durante toda a tarde haviam conversado sobre fenômenos paranormais e reencarnação.

Isabella, apesar de jovem, também demonstrara possuir raciocínio claro e conhecimento apreciável nesse mister. A própria Diva se surpreendera com a coerência da filha ao vê-la associar, inteligentemente, referências e pesquisas de autores diversos.

No trajeto de retorno, Linus repassava mentalmente os diálogos. Lembrava como Isabella divertia-se, disfarçadamente, ao constatar expressão de surpresa no rosto da mãe, ao acompanhar, orgulhosa, as ponderações emitidas pela filha. Em dado momento Diva não se contivera.

— *Dio mio!* Isabella, você andou lendo mesmo meus livros.

— Lendo, não! Estudando e anotando. Tenho diversas pastas e arquivos no meu computador relacionando diversos assuntos. A última é sobre um tipo de mediunidade, mais exatamente, xenoglossia.

Linus interrompe:

— Vocês duas podem me recordar o que significa xenoglossia?

Diva fez, elegantemente, sinal para que Isabella explicasse. A garota não se fez de rogada, estava radiante pela oportunidade de surpreender sua mãe.

— Xeno, do grego, é relativo a estrangeiro. Xenófobo, por exemplo, é aquele que tem fobia por estrangeiro. Glossia ou glosso quer dizer língua. Mediunidade de xenoglossia, portanto...

— Significaria, então – interpôs Linus – que um médium receberia mensagem em outra língua?

— Isso mesmo, tio Linus!

— Pode fazê-lo pela psicografia, isto é, escrevendo, ou em psicofonia, falando em língua estrangeira – acrescentou Diva.

Linus, por um momento, ao observar ambas, lembrou-se de George. Pensou quanto tempo havia perdido em conversas menos produtivas com o amigo, que, sem dúvida, conhecia esses assuntos com profundidade. Novamente indagou:

— Isabella, você que está estudando tanto, como se faz para distinguir uma verdadeira mensagem falada em língua estrangeira desconhecida de uma simples vocalização sem sentido?

— Eu creio que pelo equilíbrio, entonação da voz. Mãe, que pensa disso?

— O simples vocalizar sem sentido, sem coerência, é o que se chama de glossolalia, e é facilmente detectável por um grupo experiente. Algumas pessoas crédulas e despreparadas atribuem essas manifestações ao Espírito Santo ou ao Demônio. Mas, na realidade, são problemas psiquiátricos ou simplesmente fraude.

Após o almoço, enquanto degustavam deliciosa sobremesa à base de lampone, fruta silvestre da região, o trio continuou a animada conversação.

— Linus, sabe que Isabella está namorando?

— Penso que é o primeiro, não?

— Sempre disse à mamãe que só namoraria quando aparecesse alguém especial.

— E quem é o jovem?

— Caio, o filho de Flávia – interpôs Diva.

— Aquela sua amiga de Bardolino?

— Ela mesma, a tia Flávia – assentiu Isabella.

— A propósito, nunca mais a vi. Flávia continua sozinha?

— Sim, tia Flávia pensa como nós. Valoriza-se. Tem muitas amizades, mas só teria um vínculo mais íntimo com alguém que elegesse como seu futuro esposo.

— Eu admiro muito aquela mulher. Além de bonita, parece transmitir algo, como diria, uma mescla de mistério e serenidade.

Mãe e filha trocaram um olhar significativo de cumplicidade.

— Isabella, minha filha, quando Caio virá a Milão?

— Já nesta sexta-feira, chega às 18 horas.

— Ele virá com Flávia?

— Sim, mamãe, ela já marcou uma terapia regressiva com o Dr. Benini. Conversou com você sobre isso, não?

— Sim.

Diva não contou tempo.

– Linus, você gostaria de almoçar conosco no próximo sábado? Seria uma oportunidade para rever Flávia.

— Eu não disse que...

— Não disse, mas transpareceu seu interesse.

— Está bem, faz tempo que não a vejo, confesso que gostaria de revê-la.

Isabella inclinou-se, fazendo um gesto gracioso.

— Hum... tio Linus está interessado...

Após combinarem alguns detalhes para o próximo fim de semana, em especial para o almoço, despediram-se carinhosamente.

21

Roma

FLÁVIA DEITARA-SE CEDO. Antes de dormir, lera muito sobre Roma, especificamente sobre a época de Augusto. Buscara, na Internet, inúmeras informações para compreender melhor os seus sonhos, os quais já aceitava como eclosões do seu passado que explodiam intensas no seu presente. Tal qual erupção vulcânica, as lembranças eram lavas vivas que rompiam as barreiras do seu inconsciente para espraiar-se na superfície da sua consciência.

Deixara de resistir ao fenômeno, colocando-se predisposta a receber as informações que surgiam durante os episódios oníricos noturnos.

Ao cerrar os olhos, optou por uma música de Brahms, que absorveu até o imo do seu ser. Solicitou à Luz Maior do Universo que lhe trouxesse paz e lucidez, para que eventuais informações provindas de suas vivências durante o sono pudessem contribuir para seu autoconhecimento.

Novamente, após sintonia com as energias espirituais superiores, passou a se sentir leve e logo se desprendeu do corpo físico. Via-se flutuando sobre seu corpo de carne. Não sentiu medo. Uma sensação de bem-estar a invadia gradativamente. Percebeu uma luz dourada banhando todo o quarto e, ao fundo, ainda se ouvia Brahms.

— Não quero estar sozinha... – pensou consigo mesma.

— Não se preocupe, Flávia, você está amparada – disse uma doce voz feminina.

Sentiu um leve arrepio pelo inusitado, mas observou que a voz suave provinha da luz que se distribuía por todo o ambiente. A sensação de bem-estar continuava a se fazer presente, e parecia crescer em intensidade. Resolveu falar.

— Sei que estou em desdobramento astral, é a primeira vez que me ocorre isto.

— Engana-se, minha filha, você se desprende do corpo biológico quase todas as noites.

— Mas... não me recordo...

— Sim, seus desdobramentos não eram conscientes, eram inconscientes.

— Quem é você?

— Sou Sílvia, lembra-se?

— Aquela que foi minha mãe há 2.000 anos?

— Sim, mas hoje já superei minhas dificuldades que te fizeram sofrer tanto naquela época.

— Ainda não tomei consciência do que aconteceu entre nós na Roma antiga.

— É justamente por isso que fui enviada. Deves reter na mente as imagens e energias de hoje para não prejudicares teu desenvolvimento espiritual.

— Como assim?

— Querida filha, estás em franco desabrochar de tuas potencialidades. Logo irás recordar situações nas quais eu te fiz sofrer. Mais uma vez te peço perdão. Hoje te amo muito e é importante para nós, ambas, que exista uma mútua troca de energias de amor.

Precisamos, juntas, dar sequência às tarefas espirituais e, por este motivo, nos foi concedido este encontro. É importante estares ciente de que, atualmente, há um vínculo positivo entre nós.

— Já nos encontramos em outras vidas?

— De fato, minha filha. Havia necessidade de nos aproximarmos novamente. A espiritualidade superior determinou que renascêssemos várias vezes no mesmo lar.

— Você sempre foi minha mãe?

— Não, Flávia, antes disso fui sua irmã e, diversas vezes, sua filha.

— Compreendo. Para nos aproximarmos e nos perdoarmos, não é isso?

— Esse é o mecanismo da Grande Lei.

A música de fundo parecia propiciar uma atmosfera favorável à troca de vibrações salutares entre ambas. Sílvia continuava a falar.

— Já convivemos como colegas de serviço e em diversas outras situações.

— Não me recordo. Não me recordo nem de nossas diferenças na Roma antiga.

— Como disse, esta é a razão de nos encontrarmos hoje. Tu já possuis condições de perdoar o que ocorreu e breve irás recordar aquele passado.

— Sinto-me bem na sua presença.

— Querida filha, me expresso desta forma porque na mais recente encarnação fui, novamente, sua mãe. Muito evoluímos nesses 21 séculos e hoje já temos capacidade de distribuir nosso amor e nosso conhecimento àqueles com quem convivemos. Estarei contigo, amparando-te e intuindo para decisões e trabalhos que deverás executar. Nos próximos dias, vivenciarás dolorosos episódios de nossa encarnação no século de Augusto, mas estarás preparada.

Sílvia abraçou a filha. Flávia emocionou-se ao sentir as energias daquele espírito de luz.

Subitamente, sentiu-se de volta ao quarto. O telefone tocava. Viu-se mergulhada em um vórtice de luz e projetada de retorno ao corpo. Acordou com o som do aparelho tocando. Ainda zonza, percebeu que sua mão movimentava-se em direção ao telefone quando este cessou de soar a campainha perturbadora.

Compreendeu que estava de volta ao corpo biológico. Tentou alçar-se do leito, mas a cabeça não obedecia ao comando. Os braços assemelhavam-se a grandes toras de madeira que não se moviam. Procurou tranquilizar-se. Fez uma prece, pediu ao alto que a protegesse. Aos poucos recobrou o domínio do seu corpo. Esticou a mão, acendeu seu belo abajur e, como de hábito, sorriu.

22

Caio e Pietro

O IMPACTO DA EXPERIÊNCIA NEGATIVA com Isabella fez com que Pietro passasse a distanciar-se do irmão. Inicialmente, um misto de sentimentos o acometera. Vivenciara um duplo choque, ser rejeitado por uma garota e suplantado pelo primogênito. Para quem se habituara a ser disputado pelas jovens da universidade e a orientar o irmão nessas questões, aquela situação parecia-lhe vexatória.

A princípio, se sentiu magoado e ressentido com o mano, sentimentos que antes pareciam inconcebíveis entre os dois tornaram-se uma realidade.

Com o passar dos meses, e o constante apoio de Flávia, sempre atenta, os sentimentos amainaram gradativamente. Caio, por sua vez, evitava maiores expansões afetivas com a namorada quando o irmão se achava presente. Não pretendia exibir-se nem constranger Pietro. Além disso, redobrou o carinho com o mano, procurando-o para conversar cada vez que surgia uma oportunidade.

Flávia dirigia-se para casa pela via Lungolago Cipriano. Estacionara seu Smart próximo ao Hotel Du Lac e decidira caminhar pela orla do lago. No caminho pretendia visitar, rapidamente, a amiga holandesa que trabalhava na recepção do Hotel Kriss Internazionale. Mariette. Apesar de holandesa, já residia em Bardolino há 27 anos. Nos momentos de folga, adorava ler sobre arte, o que determinou acabasse conhecendo os trabalhos de Flávia.

Ao penetrar no jardim que antecede o belo hall do hotel, observou na pérgula, à esquerda, um rapaz de cavanhaque limpando as mesas ao ar livre. Indagou por Mariette, e soube que havia saído para Sirmione. Observou, na entrada do Hotel, como as petúnias estavam exuberantes e viçosas. Deteve, durante alguns minutos, seu olhar em um pássaro preto de bico amarelo, muito manso, que passeava pela pérgula. Agradeceu ao rapaz, e prosseguiu sua caminhada.

Ao sair notou que o imenso chafariz, no centro do lago, estava ligado. Procurou abeberar-se, mentalmente, da imagem da água que se projetava a muitos metros de altura, proporcionando uma bela figura com seu deslocamento pelo vento. Deteve seu olhar nos barcos. Havia cerca de 40 pequenas embarcações no lago. Um cisne executou lindo vôo paralelo e rasante à superfície; sentiu-se cumprimentada pela bela ave. Caminhou pelo centro histórico de Bardolino. Esteve entre saborear um sorvete na gelateria da Piazza Príncipe Amadeo ou algo quente no Café Itália, mas desistiu de ambos. Precisava pensar um pouco.

Sentou-se em um dos bancos na orla. Escolheu o que imitava um seixo branco gigante. Tratava-se de uma criação artística, imitando os abundantes seixos da praia. Observou a vegetação aquática alta que crescia próxima, em um pequeno trecho às margens do lago.

Organizou mentalmente o gênero de abordagem que faria aos seus filhos em função da situação emocional deles com Isabella. Lembrou-se de como seu ex-marido era inábil nesse sentido. Por um momento, pensou que seria bom ter um novo companheiro, mas alguém muito especial, maduro, emocionalmente estável e ainda por cima que aceitasse a sua visão espiritual da vida. Voltou seu pensamento para os filhos.

Sua argúcia e sensibilidade permitia-lhe perceber que Pietro, que sempre amara o irmão, à medida que reduzia seu ressentimento passava a viver uma nova fase, a vergonha de ter se comportado de maneira tão desagradável junto ao mano.

Essa nova fase que seu psiquismo vivenciava impedia Pietro de aproximar-se de Caio. Mesclava vergonha com orgulho. Uma aproximação representaria para si próprio estar admitindo capitular frente à situação.

A mãe dos jovens, sempre atenta a tudo que se passava, resolvera tomar uma atitude. Chamaria ambos para um colóquio familiar. Caminhou até sua casa organizando as ideias e preparando a conversa com os "meninos".

Após o jantar, convidou-os a permanecerem à mesa. Colocou-se entre ambos iniciando o diálogo.

— Caio, como vai o seu namoro com Isabella?

— Muito bem, mãe, ela é realmente a mulher dos meus sonhos.

— Literalmente? – indagou Pietro, e riram-se todos.

— Filho, fico feliz com isso.

Voltando seus belos e expressivos olhos para o outro filho, indagou:

— Pietro, como você se sente com relação a essa situação?

— Como assim, mãe?

Flávia fixou o olhar em Pietro.

— Vocês sabem que a nossa união sempre foi um ponto alto de nossa família, principalmente após seu pai ter-nos deixado. Vocês sempre preservaram essa união, que é mérito de nós três. Penso ser importante deixarmos tudo bem esclarecido.

Pietro sentiu-se corar ante o olhar firme de Flávia, e admitiu.

— Mãe, não posso negar que inicialmente não soube agir como se esperaria. Mas, hoje, desejo dizer a você e ao mano que está tudo bem.

Caio, não sabendo como se manifestar, colocou sua mão sobre o braço esquerdo do irmão passando pela frente da mãe, afagando-o de forma a expressar quanto o estimava.

Pietro continuou.

— Mano, eu sempre fui muito bajulado pelas garotas e não estava preparado para o que ocorreu. Fique certo que desejo, mesmo, que vocês se deem muito bem. Se precisar de algum conselho – sorriu ao dizer – pode me procurar.

Flávia colocando suas mãos sobre as de ambos, comentou:

— Filhos, estou orgulhosa de vocês, aliás, como sempre.

Pietro levantou a mãos dos demais e brincou, imitando os três mosqueteiros, lembrando sua infância.

— Um por todos, todos por um!

Quebrara-se o gelo. O sorriso estampava-se na face de todos. Flávia, aliviada por ter sido muito mais simples do que pudera imaginar, acrescentou.

— Passei há pouco no Centro Histórico e comprei um bom vinho para nós, vocês querem?

— Só se foi adquirido no Vini Guerrieri Rizzardi —comentou Pietro.

— Por que, mano?

— Porque lá trabalha uma *ragazza* belíssima.

23

Litera

HIBÉRNIA. Era como os romanos chamavam a atual Irlanda. Terra fria e chuvosa, mas bem dotada de bosques pitorescos, ricos em lendas e mistérios.

Desde a infância, Litera, a pretexto de apanhar lenha, aprofundava suas caminhadas pela mata seguindo os pássaros, colhendo flores ou perseguindo seres imaginários muito pequenos que se deslocavam entre as folhas da vegetação emoldurante das trilhas que cruzavam o bosque.

Não conhecera seus pais. Sempre se vira como protegida da cozinheira, criatura de rosto muito branco, cabelos de um ruivo intenso, alta e forte. Parecia-lhe um ser distante que nunca a olhava diretamente nos olhos.

A cozinheira pouco se comunicava com a criança, que fora deixada à sua porta embrulhada em toscos cobertores improvisados com lã de carneiro. Não fosse o verão, teria certamente sucumbido ao difícil clima irlandês, mas o dia fora ideal para se deixar bebês de poucas semanas de vida à porta de estalagens.

Mag, a cozinheira, recebera o bebê como um desígnio dos deuses e não questionou. Temerosa da vingança dos seres do além, passou a criar a menina como uma obrigação. Não a tratava mal, mas a via como um pequeno estorvo que em nada colaborava com seu trabalho na estalagem.

Supunha-se responsável por dar-lhe de comer e vestir, nada mais. Alguns invernos haviam transcorrido desde que Litera fora abandonada à sua porta, quando uma visita inesperada surpreendeu a cozinheira.

Um homem forte, cabelos e sobrancelhas brancas como a neve, olhos azuis penetrantes, com ricas peles sobre o corpo e portando volumosa bagagem, havia se hospedado na estalagem. Pretendia permanecer algum tempo e adiantara parte do pagamento. Com o pretexto de se interessar por assados, buscava, com relativa frequência, a cozinha. Adorava contar histórias à pequena Litera. Fato totalmente incomum entre os fregueses. Mag observava o forasteiro com crescente desconfiança, porém a criança ligara-se ao "homem de cabelos brancos".

Já haviam se passado algumas semanas de hospedagem, quando a cozinheira foi surpreendida por uma estranha proposta. Uma recompensa correspondente a alguns anos de trabalho foi-lhe oferecida pelo curioso hóspede.

— Tive a incumbência de levar uma criança, com as características de Litera, para uma rica dama de uma terra distante Roma, a sede do Império Romano.

— E por que pensas que eu a entregaria?

— Porque, assim como os deuses a trouxeram, eles a pedem de volta. Além disso, receberás muito, como já te disse.

O forasteiro escolhera a frase, pois havia estudado bem o comportamento e as crenças da cozinheira.

— Por mim, tudo bem, pois com este pagamento muito poderei fazer. Mas antes deveremos convencer a menina.

— Ela será a dama de companhia de outra criança e, garanto, será muito bem tratada. Trata-se de uma família muito rica.

— Toda essa longa viagem a Hibérnia foi apenas para buscar uma criança?

— Naturalmente que não. Você não notou os volumes que levo? Há desde pedras preciosas a tudo que possa imaginar. Por isso, durmo com um olho só, de porta trancada e sei muito bem usar minhas armas. Amanhã, irei embora cedo.

Na realidade, Litera não seria uma dama de companhia, seria apenas escrava, vendida a Sílvia. A rica patrícia desejava comprar, a peso de ouro, uma amiga para Flávia Flamínia. Uma amiga que a obedecesse cegamente, e fosse facilmente controlada. Uma boneca viva de brinquedo.

Chamaram a pequena Litera. Mag adiantou-se.

— Tu gostarias de viajar, andar de barco e ouvir muitas histórias?

— Sim. Adoro histórias.

— Tu gostarias que o "homem de cabelos brancos" a levasse, contando histórias e chegasse na casa de uma outra menina?

— Sim, adoraria.

— Mesmo que a viagem fosse longa?

— Sim, sim!

— E, se ficasse muito tempo na casa dessa menina para brincar com ela, tu ainda gostarias de viajar?

— Sim. Quando posso ir?

— Quando tu quiseres, mas só irás mesmo se desejares muito ir.

A menina assentiu. Expressava no olhar uma expectativa de conto de fadas.

— Quero muito ir.

— Então, hoje vai dormir mais cedo. Amanhã poderás viajar com o "homem de cabelos brancos".

Mag quase não dormiu, imaginando o que faria com a recompensa. Quanto a Litera, certamente comida não lhe faltaria.

A viagem por terra, mar e novamente por terra foi muito longa. Como o astuto mercador tinha interesse que a mercadoria chegasse inteira e bem-disposta, desvelou-se em contar inúmeras histórias em longos capítulos. As últimas falavam de Roma, da nova casa e da menina que ficaria com ela. Após uma longa jornada, Litera fora apresentada a Flávia Flamínia e entregue a Sílvia.

Receberia um treinamento intensivo para aprender a submeter-se aos caprichos de sua filha. Flávia, criança, não era rude com os escravos e sempre trataria a garota da Hibérnia com muito carinho. Litera, a princípio não conseguira entender bem a situação. Sonhava com os bosques, a neblina e os duendes, mas o carinho da pequena ama compensava as dificuldades e limitações que lhe eram impostas. Ambas cresceram juntas, em condições totalmente diferentes, mas ligadas por um vínculo de amor verdadeiro.

24

Gestação em Roma

Após o desmaio, Flávia Flamínia passou a perceber em si os sintomas clássicos de uma gestação. Não mais ocorriam, como diria seu pai, o Tribuno Ético, "os embaraços periódicos, típicos da organização feminil". De fato, além da supressão menstrual, algumas semanas de enjoos e todo um cortejo de sintomas específicos determinaram que tanto Flávia como a escrava Litera estivessem conscientes do que sucedera.

Com seu amado em viagem distante, acompanhando o exilado Ovídio, não poderia contar com sua presença nem seu apoio. Procurava com frequência o jardim das esmeraldas, para respirar ar puro da vegetação e alimentar seu espírito de esperanças.

Um redemoinho de pensamentos a envolvia. Resolvera sair dos seus aposentos, para um longo passeio juntamente com sua melhor amiga, Litera, a despeito de sua mãe não admitir nem aprovar esse comportamento. Naquele instante, sentia necessidade de alguém que a pudesse ouvir, respeitar e entender sua situação. A sós, desabafa com a escrava.

— Sabes o que está acontecendo. Não?

— Sim. Estais abençoada pelos deuses.

— Abençoada? Não sei, é emocionante, mas assustador.

Litera não ousava referir-se diretamente à gravidez. Esperando que sua ama expusesse abertamente a questão, comentou:

— Os deuses têm desígnios que às vezes não entendemos, mas há sempre uma razão. Confie nos deuses.

— O que poderia eu pedir aos deuses?

— O que mais necessitas nesse momento?

Flávia pensou por um instante.

— Coragem.

— Não desejo ser indiscreta, mas...

— Estou esperando um bebê do homem que eu amo, ele está distante, não sei quando poderá voltar.

— Gostaria muito, do fundo do meu coração, de poder ajudar no que for possível.

— Minha querida, sei disso. Só não sei como apresentar esta questão aos meus pais.

— Deseja ter esse filho?

— Sem dúvida. É o filho de um amor verdadeiro, sobretudo será meu filho sempre.

— Se desejar, posso ir à procura do pai de seu filho.

— Não. Não creio ser uma boa ideia.

— Ele já sabe?

— Não. Ele necessitou partir logo, com Ovídio, e eu naquele momento não tinha certeza que esperava um filho dele.

— Não temo a punição de vossa mãe se evadir-me desta casa por ordem da filha do senador. Poderia informar ao vosso amado que ele será pai.

— Fique. Precisarei de você todo este tempo.

— Se assim desejais.

— Necessito de alguém de confiança total, que me estime, não me julgue, compreenda o que aconteceu.

— Sou vossa escrava. Minha felicidade é vê-la feliz.

— Não apenas isto. Tu és, para mim, uma verdadeira irmã.

Litera beija a mão de Flavia Flamínia emocionada. Esta retribui com um abraço comovido, acompanhado de lágrimas.

— Não chore. Tudo irá se resolver da melhor maneira possível. Pedirei a deusa Dana que a proteja.

— Minha maior tristeza é com relação aos sentimentos de meu pai.

— Tristeza?

— Tristeza e vergonha. Temo decepcioná-lo, sobretudo temo fazê-lo sofrer.

A fiel escrava permaneceu pensativa alguns minutos. Logo em seguida, acrescentou.

— E se fosse dito... fosse mencionado não um filho, mas um neto.

— Não é a mesma coisa?

— Talvez não. Imagino que o senador tivesse vontade de ter um descendente em outra geração. Além de, com vossa permissão, vós sois a filha dileta. Penso que vosso pai poderia se entusiasmar com o fato de se tornar avô, por seu intermédio.

— Dentro das leis, sim.

Conversaram algumas horas. Esperaram o pôr do sol admirando a paisagem e se inspirando nas energias do astro rei para organizarem as ideias. Um pequeno riacho refletia os raios solares como que distribuindo a luz no ambiente. A vegetação mais rala em alguns trechos albergava ninhos de pássaros diversos. Árvores mais altas ofereciam sombra acolhedora às duas jovens que caminhavam envolvidas por uma atmosfera de profunda amizade, sem que pesasse a diferença de situação social que, via de regra, criaria um muro intransponível entre ambas.

Flávia Flamínia amadurecia, aos poucos, a ideia de que deveria, mesmo, conversar com o pai. Ao retornar ao seu quarto, buscou na mente os melhores momentos da infância.

Lembrou-se de como o pai a olhava, semiencantado com a graça de seus gestos infantis. Piscava-lhe os olhos, quando percebia que a filha fingia comer algo a mando da mãe. Adorava vê-la esconder-se atrás das cortinas, ocasião que falava alto indagando: "Onde será, onde será que Flavia Flamínia está?" Divertia-se com o bom humor da criança, mas pecava pela falta de tato ao demonstrar sua preferência pela menina.

Sempre, ao chegar das longas viagens, trazia-lhe algum mimo especial, algum vestido, algo para brincar ou um enfeite para o quarto. Ao chegar à adolescência, os presentes se tornaram cada vez mais sofisticados, como a recente sandália dourada trazida do Egito e as lindas esmeraldas. O senador, que não encontrava na mal-humorada Sílvia a companhia amena e delicada que sonhara, iludido pelo enlevo de um namoro numa época em que ambos eram emocionalmente imaturos, buscava na adorada filha a compensação para seu coração vazio de ternura.

O Tribuno Ético imaginava escolher para a filha um esposo de fino trato, além de muito rico. Considerava-a uma patrícia culta, elegante, inteligente e bela, mas, sobretudo, casta. As leis de Augusto eram na sua casa seguidas com todo rigor, e tal fato constituía-se em bandeira que empunhava orgulhosamente.

Seus discursos, embora políticos, mesclavam-se vez por outra com conceitos de unidade familiar, organização social e fidelidade.

Flávia Flamínia perpassava na mente diversas etapas de sua vida com o pai. Seu maior desgosto seria fazer algo que provocasse sofrimento ao genitor. Encostou a cabeça no travesseiro e chorou. Após algumas horas repassando sua vida, dormiu.

25

O despertar

Em Bardolino, amanhecia. As primeiras réstias de luz solar já penetravam, através das cortinas, no quarto de Flávia. Não foram, no entanto, os raios solares que a acordaram. Um gosto salgado de algo úmido na boca a fez despertar. Passou a língua pelos lábios certificando-se do que lhe parecia ser. Percebeu que outras gotas escorriam pelo rosto descendo dos seus olhos.

Realmente, eram lágrimas mornas que lhe percorriam a face até deixarem o sabor típico em sua boca. Afastou-as com os dedos. Buscou, pelo tato, seu belo abajur e com a mão direita esticada, acendeu-o.

Sentou-se na cama. Ajeitou o travesseiro de penas de ganso. Observou que a fronha estava molhada pelas lágrimas que havia vertido durante o sonho.

Rememorou, passo a passo, os episódios vivenciados durante aquela experiência onírica. Ao contrário de anos anteriores, o sonhos atuais permaneciam, na quase totalidade, claros no seu cérebro.

Com alívio, lembrou-se que na manhã seguinte iria, com Caio, visitar o Dr. Benini. Desta vez, a consulta médica fora marcada e confirmada. Não via a hora de desvendar os mistérios que assolavam a sua alma. Por um momento deu asas à imaginação e perguntava a si própria o que teria acontecido com a gravidez de Flávia Flamínia.

26

Surpresa em Milão

Chovia intensamente. As ruas cobriam-se de água. O volume precipitado não escorria pelos bueiros em velocidade suficiente, uma perigosa camada líquida cobria as vias públicas da cidade.

Diva dirigia com dificuldade rumando para casa. Há muito tempo, não via, em Milão, temporal tão forte. Os limpadores de pára-brisas não davam vazão à quantidade de água que jorrava nos vidros do seu carro. Raios brilhantes riscavam sucessivamente o horizonte clareando o céu obscurecido por espessas nuvens negras. Temerosa, desligou o rádio do veículo. Diminuiu a velocidade, buscando local para estacionar.

A luz solar desaparecera em pleno dia. Os trovões ribombavam, assustadoramente, denunciando que os raios estariam fazendo algum estrago.

A quantidade de folhas, trazidas pelo vento, era imensa. Estava nas vizinhanças do Parque Simpione. Tentou enxergar a entrada do parque. Ao fundo, a silhueta escura do enorme castelo Sforzesco, encoberta pela tormenta, confirmava a localização do parque. Divisou, com dificuldade, uma ampla calçada para pedestres e subiu ali com seu Mercedes negro. Desligou o carro e suspirou aliviada.

Relaxou durante alguns segundos. Lembrou-se que Isabella fora ao médico e, provavelmente, estaria à mercê da tempestade. Apanhou o telefone celular na bolsa e ligou para a filha.

— Bella, onde você está?

Do outro lado, uma voz masculina responde.

— É o Massimo que...

— Máximo, por quê?

— Massimo é meu nome, desculpe.

— É o Massimo, marido da Regina? – riu-se do seu equívoco – Massimo, eu que peço desculpas.

— Sou eu mesmo. Isabella pediu que atendesse o telefone se ligassem, por acaso é a mãe dela?

— Olá, Massimo, é a Diva, sim. Algum problema com Isabella? Este temporal deixou todo mundo preocupado.

— Fique tranquila, Diva. Ela está apenas conversando com Regina. Um atendimento fraterno, aqui no Sentieri.

— Nesta tempestade?

Massimo, sempre discreto e elegante na sua comunicação, não comentou o quanto Isabella chegara nervosa nem mesmo que havia solicitado um atendimento fraterno de emergência. Apenas acrescentou:

— Diva, quando a tempestade amainar, você poderá vir buscá-la?

— Sem dúvida. Há quanto tempo ela está aí com vocês?

— Faz quase duas horas.

Diva estranhou o dia e horário, pois no SDS os atendimentos fraternos não ocorriam naquele período do dia. Procurou compreender o motivo daquele atendimento. Isabella se apresentava, ultimamente, tão radiante e feliz que Diva não podia imaginar algum problema importante.

— Talvez esteja solicitando alguma ajuda, ou orientação para uma colega – pensou consigo mesma.

A tempestade, dentro de poucos minutos, reduziu de intensidade. Ligou novamente o carro e dirigiu-se para a Via Machiavelli, buscando estacionar próximo ao Sentieri Dello Spirito. Teve sorte, com a enxurrada no centro da cidade, poucos veículos se movimentavam em direção aos bairros e, em função disso, conseguiu encontrar uma vaga bem em frente ao SDS.

Enquanto estacionava o carro, lembrou-se que Isabella fora ao médico naquela tarde. Um pensamento assomou-lhe a mente nublando-a de preocupação.

— Será que seria algo relacionado aos exames médicos? Estaria Isabella com alguma doença grave? Já não bastava termos perdido George?

Seu coração acelerou os batimentos. Apertou os passos, a pretexto consciente de fugir dos pingos da chuva, mas, na realidade, desejava logo estar com a filha. Algo poderia estar acontecendo. Respirou lenta e profundamente. Novamente falou consigo mesma:

— Posso estar imaginando coisas. Mas, se algo estiver ocorrendo com minha filha, preciso estar bem, para ampará-la no momento que mais precisa.

Travou o carro, cruzou a calçada e tocou o interfone. Logo escutou a voz de Massimo.

— Pronto...

— É Diva, a mamãe preocupada.

— Estamos aqui no subsolo, na sala de reuniões. Entre, que a casa é sua.

— Ok. Estou indo. Não estou interrompendo nada?

— As duas já encerraram a conversa. Venha tomar um café conosco.

Diva caminhou pelo corredor, com a respiração acelerada. No caminho, estancou o passo e pensou:

— Seja o que for, calma, Diva.

Desceu os poucos degraus do lance de escada. Passou pelos vasos de flores, muito bem cuidados por Regina e Massimo, abriu a porta e saudou a todos.

— Olá, meus amigos!

Abraçou o simpático casal, e beijou carinhosamente sua filha. Em seguida comentou:

— Com este temporal me preocupei com Isabella, então... Bem, fico feliz por ela estar com vocês.

Massimo serviu um delicioso café com canela, sua especialidade. Discreto como sempre, após alguns instantes pediu licença para subir, com o pretexto de efetuar algum trabalho.

Regina, que havia conversado longamente com a garota, a pedido da jovem, dirigiu-se à mãe preocupada.

— Diva, minha querida, Isabella me procurou para um atendimento fraterno. Durante bastante tempo conversamos.

— Regina, eu sei que é norma e ética do seu atendimento não se comentar o teor da conversa, quanto a isto eu saberei entender perfeitamente e respeitar. Estou aqui por acaso. Coincidentemente, a chuva...

— Você sabe que coincidências não existem. Existe sintonia de energias.

— Sim. Estudamos isto aqui, no Sentieri.

— Isabella havia me solicitado que conversasse com você quando, ato contínuo, Massimo atendeu seu telefonema. Portanto...

— Então, vamos valorizar esta “coincidência”.

— Não. Não é isso. Só valorizamos, como você muito bem sabe, quando há uma utilidade, uma racionalidade e, sobretudo, bom senso. Ou seja, o que importa não é a coincidência, mas o fato de Bella ter solicitado conversássemos nós três.

— Vocês duas já estão me deixando ansiosa. O que aconteceu?

— Minha querida amiga, sei o quanto você já conhece da vida espiritual, dos reencontros de espíritos na família e o que significa cada pensamento nosso, cada sentimento, nesse contexto. Você mesma assistiu a uma palestra muito boa sobre a doação energética durante a gestação, no mês passado. Lembra-se quando o conferencista detalhou como se processa o fluxo de energias da mente dos familiares sobre o espírito já ligado ao feto?

— Sim. E isso se aplica a outras situações, você quer dizer. Não é isso?

Diva procurava conter sua expectativa. Percebia como Regina a preparava para alguma notícia.

— Diva, sei que você saberá ajudar Isabella e aceitar o que aconteceu.

A mãe da garota lembrou-se que algum tempo atrás haviam conversado em casa, mãe e filha, sobre uma colega de Isabella que decidira sair do lar e morar sozinha. Diva, por um instante, imaginou que talvez fosse essa a questão.

— Fique tranquila, minha posição, seja qual for o problema, será de amor e compreensão. Por favor, pode ir mais direto ao assunto?

— Está bem, parabéns, vovó Diva!

— Então, os exames médicos...

Isabella interrompeu-a.

— Sim, mamãe, estou grávida!

Diva, apesar do impacto, conseguiu afastar momentaneamente dúvidas e temores que lhe vieram à mente. Naquele momento era fundamental o amor. Diva levantou-se, abriu os braços e envolveu sua amada filha com todo o carinho.

— Querida filha! Nossa família já é, novamente, de três integrantes. Envolveremos este espírito com todo o nosso afeto.

As lágrimas de Isabella misturavam-se com as de Diva. Regina acompanhava ambas com ternura. Quando as duas reduziram o fluxo de lágrimas, a coordenadora do SDS comentou:

— Feliz deste "ser" que retorna ao mundo físico tendo vocês como mãe e avó. A educação desta criança não se iniciará no nascimento, mas desde o instante em que a gestação foi do conhecimento da família.

Enquanto servia mais uma rodada de café com biscoitos, continuava a falar.

— Conforme vimos estudando, há intensas trocas de energias entre a gestante e aquele que se desenvolve no útero materno. É muito importante que vocês conversem com a criança.

Isabella, interessada, interroga:

— Que o meu pensamento pode atuar sobre o meu filho – ao pronunciar a palavra filho emocionou-se novamente – isto eu já sabia, mas esse intercâmbio de energias também exerce influência sobre a gestante?

— Sem dúvida, a grande diferença de situação entre ambos, mãe e filho, é o nível de consciência em que se encontram.

— Quando é maior a influência do meu pensamento, no início ou no final da gestação?

— No livro, *Gestação Sublime Intercâmbio*, o autor, um médico brasileiro, nos informa que a mãe passará a exercer crescente influência sobre o feto quanto mais avançar a gestação, ou seja, o espírito for mais prisioneiro do organismo físico.

— Mas nessa fase que estou, tudo que penso influencia?

— Não só pensamentos, ações e sentimentos são energias que podem atuar sobre o espírito.

— Podem? Como assim, não influenciam sempre?

— Sim, mas o grau de influência depende muito da sensibilidade do espírito, do seu nível de evolução e do gênero de energias que a mãe envia, consciente ou inconscientemente.

— Então, isso aumenta com o avançar dos meses de gestação?

— À medida que a gravidez avança em tempo e desenvolvimento, o espírito reencarnante passa a perder progressivamente o domínio de suas faculdades psíquicas, daí a influência crescer. Mas cada caso é específico, diferente, individual mesmo. Não se pode generalizar.

— Regina – interpôs Diva – o feto de algumas semanas ainda não possui desenvolvimento neurológico, ou seja, um cérebro que permita registrar informações, como ocorre essa captação? Tenho certeza que ocorre, só não compreendo como.

— Lembra-se de MEC?

— Puxa! É verdade. O espírito, através da memória extracerebral, que não está no físico, mas situa-se em outra dimensão, registra informações e experiências, arquiva-as no inconsciente.

— Exatamente. Podem ser provindas da mãe ou, pelo filtro materno, do meio exterior. Aprendemos que ideias de paz, amor ao próximo ou outros valores éticos podem e devem ser utilizados para, desde a gravidez, educar aquele que aporta no templo do lar.

— Regina, essas ondas de energia, como são? – indagou Isabella, curiosa.

— Poderíamos dizer que pensamentos construtivos e de elevado conteúdo ético-moral constituem energias de alta frequência e fino comprimento de onda, vibrações mentais, percebidas pelos sensitivos, como de tons claros e brilhantes.

— E o bebê as recebe! – exclamou Isabella.

— Sim, minha querida, essas ondas ou vibrações geradas pela mãe, vão banhando suavemente o bebê preso nas malhas da reencarnação.

— De certa forma, há uma semelhança ao passe magnético, não?

— O que você nos diz disso, Diva? – colocou Regina, oferecendo oportunidade à avó de participar do construtivo diálogo.

— Entendo que diariamente o espírito poderá receber verdadeiros passes de amor, através do diálogo que a mãe mantém com ele.

— De fato – assentiu Regina. A mãe esclarecida, tendo consciência desse processo, já vai educando o espírito reencarnante na visão filosófica da vida, como uma oportunidade para a busca do amor e da sabedoria. Assim como se condicionaria alguém lhe falando diariamente durante o sono, os nove meses de gravidez se constituem em grande oportunidade de imprimir conceitos educativos ao futuro filho.

— Minha filha, vamos que já se faz tarde. Regina deve ter outros afazeres.

— Sim, de fato os tenho, mas este momento foi de grande alegria para mim. Diva, amanhã vocês virão à palestra pública?

— Sim, claro.

— Cheguem uma hora mais cedo se puderem. Conversaremos mais.

— Despediram-se afetuosamente.

As duas dirigiram-se ao carro. A chuva cessara. Após entrarem, Diva indagou.

— E Caio, minha filha, já sabe? Chegará hoje às seis horas, não é isso?

— Não, mãe. Nem tia Flávia nem Caio sabem. E chegam amanhã pela manhã. Devo telefonar hoje contando?

—Não recomendo. Há dois motivos. Um deles é não atrapalhar a terapia regressiva de Flávia. No entanto, o mais importante é que certas notícias são preferíveis pessoalmente. As energias do olhar são insubstituíveis. Sugiro esperar até amanhã.

— É verdade. Quero muito ver a expressão e o olhar de Caio.

27

A regressão de Flávia

A viagem de Bardolino a Milão decorria tranquila. Flávia vinha com Caio, embora este não houvesse agendado horário com o médico. Sua vinda era em função da namorada, o rapaz estava por demais ansioso para rever Isabella. Os telefonemas e e-mails, diários e constantes, não poderiam substituir o contato direto. Durante o trajeto os dois conversaram animadamente.

— Mãe, esta noite sonhei muito com Isabella.

— Muito natural, não?— Flávia sorriu e piscou o olho.

— Não é pelo fato de sonhar. Foi algo diferente.

— Como assim, meu filho?

— Ela estava estranha. Alegre, mas ao mesmo tempo preocupada.

— Sonhos são sempre um enigma difícil de decifrar.

— É verdade. E você, mãe, é a pessoa adequada. Aquela que pode falar isso de cátedra. Os seus sonhos são incríveis. Teve mais algum?

— Já te contei o de Litera?

— A escrava da Hibérnia? Já.

— Sabe quem o rosto de Litera, pelo menos aquele rosto que

me aparece nos sonhos, me recorda?

— Não faço ideia.

— Diva.

— Tia Diva? Por quê?

— Por que eu não sei, mas era parecida. Elas são parecidas.

— Parecidas? Era tão nítido assim o seu sonho?

— Muito nítido. Mas o curioso é que o fato de serem parecidas tem algo a ver com a energia, algo que transcende a semelhança física.

— Você quer dizer uma semelhança psicológica ou espiritual entre Litera e tia Diva?

— Exatamente. E éramos muito ligadas, como irmãs.

— Como vocês duas são agora nesta vida.

— Sim, acredito que já fôssemos amigas há muitas encarnações.

— Fiquei muito impressionado com aquele sonho que você contou. Aquele com sua mãe, como era o nome dela mesmo?

— Sílvia. Sim, foi um típico desdobramento astral. Sonho seria uma forma convencional de se referir ao que ocorreu, ou seja, eu realmente me encontrei com Sílvia.

— Puxa! Que certeza!

— Afinal, eu vivi intensamente o encontro – Flávia tenta retomar ao assunto inicial.

— Caio, nós começamos falando do seu sonho e acabamos conversando sobre os meus. Depois do meu atendimento com o Dr. Benini, poderemos voltar ao assunto. Falemos agora do seu sonho.

— Antes, pode me responder umas perguntas?

— Sabe que sim. Vamos lá, filho!

— Você pensa, mãe, que o Dr. Benini possa ser, realmente, a reencarnação do senador, pai de Flávia Flamínia?

— Não tenho certeza, mas, quando penso no doutor, a figura do pai de Flávia Flamínia sempre me vem à mente.

— Outra coisa, mãe – pensou um pouco antes de falar.

— Sabe que amo tanto a Isabella, mas tenho medo.

— Medo?

— Medo que algo "ruim" possa nos separar.

— Bobagem, filho. Isso é da nossa antiga cultura. Medo de ser feliz! Vocês têm tudo para se darem bem. Há inúmeras afinidades de gostos. Vocês são muito semelhantes.

— Mas por que o meu medo?

— Filho, porque é real. Vocês foram separados por algo muito "ruim". Sua regressão mostrou que vocês eram amantes e, em função desse amor, você foi denunciado, preso e morto.

— É verdade! Não havia percebido a relação.

—Afinal a regressão serve para quê? Para entendermos nossos problemas. Presta atenção, querido!

— Dizem que eu e ela somos semelhantes, mas não são os opostos que deveriam se atrair?

— Só se for eletricidade. Mas na vida em comum não penso que seja o ideal. E, afinal, vai contar ou não vai contar o seu sonho?

— Claro, mãe, bem, vamos lá. Não me recordo muito do meu sonho, afinal, nesse aspecto, não posso me comparar com você.

— Bobo! – Flávia sorriu como se Caio fosse uma criança.

— Sonhei que Isabella tinha nas mãos um documento. Ela parecia muito emocionada com o que estava escrito.

— Um documento?

— Sim. Parecia ser um papel importante.

— Que mais?

— Eu não estava com ela, quer dizer, parece que eu olhava de longe ou a ouvia de longe.

— Interessante. Que mais?

— Ela chorava.

— Estava desesperada com algo?

— Isso que é estranho, não parecia desesperada.

—Então, seria um choro provocado por outra emoção?

— Creio que fosse algo assim. Ela parecia ao mesmo tempo estar feliz e emocionada, chorando.

— Não poderia ser um choro de felicidade?

— Não havia pensado nessa possibilidade.

— E o tal documento que segurava nas mãos, você tem alguma ideia do que pudesse ser?

— Não. Não faço ideia.

— Imagino que possa ser alguma notícia boa. Melhor saber, daqui a pouco, pessoalmente. Logo chegaremos à casa de Diva.

— Que horas é o seu compromisso, hoje, com o Dr. Benini?

— Às sete horas da noite.

— Mãe, você está ansiosa?

— Um pouco.

— Só pela regressão em si, ou pelo fato de falar pessoalmente com quem possa ter sido seu pai?

— As duas coisas. Mas é uma ansiedade que não me atrapalha. Sinto como uma expectativa boa.

— Por falar em expectativa, tia Diva também convidou outra pessoa para almoçar conosco no sábado.

— É, eu sei.

— Que pensa disso?

— Preferiria que não tivesse convidado.

—Mas é aquele amigo do falecido tio George.

— E daí? Como é mesmo o nome dele?

— Linus.

— Ele mesmo. Uma vez conversei com Linus em um dos aniversários do tio George. Parece um sujeito muito simpático, gosta também de assuntos ligados à espiritualidade e outros temas sérios, assim como nós. Além de ser uma pessoa alegre.

— Ele é psicólogo clínico.

— Acho que pode ser legal conversar com ele novamente.

— Pode ser. Mas todos nós perdemos um pouco da espontaneidade quando há uma pessoa que não seja íntima em uma reunião familiar. Limita nossa expansão. Eu e Diva somos como irmãs, Isabella sempre foi desde criança como minha sobrinha, vocês dois se amam, enfim, não sei o porquê dessa ideia.

— Qual ideia?

— De convidar Linus.

— Será que tia Diva já está de namoro?

— Com certeza, não. Conheço Diva. Ela e George eram fortemente unidos, George faleceu recentemente. Não. Não faz sentido.

— Vai ver, mãe, que ela está querendo aproximar vocês dois. A propósito, você pensa em casar novamente?

— Já sabe. Não penso nem procuro. Estou bem só. Tenho meus filhos, minha atividade artística, liberdade para estudar, não apagar a luz e ficar lendo até tarde. Sou feliz sem um companheiro.

— Gato escaldado tem medo de água fria.

— Em princípio, sim, não pretendo namorar nem casar novamente.

— Mas não é totalmente radical nesse sentido, é?

— Quase. Não pretendo procurar alguém, mas, se alguém muito especial me procurar, vou observar com cuidado. Às vezes... —fixou o olhar no vácuo, pensativa.

— Às vezes?

— Deixa para lá. Vamos mudar de assunto.

Caio, por um momento, pensou o quanto estava feliz com Isabella. Uma ideia passou-lhe pela mente. Sua mãe poderia encontrar alguém que causasse nela a mesma emoção? Ela deveria merecer isso. Curiosamente, antes de namorar Isabella, nunca havia pensado que a mãe merecia, também, um companheiro. Deteve seu olhar em Flávia. Sim, ela ainda era uma bela mulher. Sorriu, pensando com seus botões: "Por que nunca imaginei mamãe com outro companheiro? Seria ciúme inconsciente?"

Caio agora era capaz de vislumbrar sua mãe como um ser que pudesse ter os mesmos anseios que os seus. Antes de enamorar-se da "prima", considerava fosse melhor, para sua mãe, não arriscar-se a perder tudo. Tudo aquilo que havia conquistado nesses longos anos de separação. Sim, talvez fosse egoísmo seu.

Logo estavam estacionando próximo à casa de Diva. Foram recebidos com todo o carinho. Isabella havia saído, propositadamente, de casa para encontrar-se com Caio no Parque Simpione. Flávia, após rápido lanche com a amiga, deixou o filho no local onde a garota o encontraria. Seguiu para o médico.

O consultório do Dr. Benini pareceu-lhe simpático. Simples, sem sofisticação, de certa maneira sóbrio. A sala de espera possuía um belo espelho com moldura antiga que evidenciava a intenção de ampliar o ambiente. Havia flores naturais, begônias amarelas, à mesa. Duas poltronas e um sofá de cor bege clara. Um belo quadro retratava uma paisagem primaveril da Toscana.

À mesa, no centro da sala de espera, havia algumas revistas e um curioso exemplar de *Vitacontinua*, fixo com uma longa correntinha prateada, demonstrando que aquela leitura não poderia se efetuar fora dos limites do consultório. Em outras palavras: proibido levar para casa. O título da revista, *Vitacontinua*, despertou-lhe a curiosidade. Observou a data, não mencionava o mês, mas outono, 2007, ano 1, número 0, editado em Milão. Logo abaixo do título, a frase: "Nascer, morrer, renascer e progredir sempre: Esta é a Lei" Allan Kardec.

Flávia já lera dezenas de autores, mas nunca vira uma síntese tão perfeita de tudo que concluíra em seus estudos em apenas uma frase. Lembrou-se que Diva sempre fizera menção a esse autor,

Allan Kardec. Tomou sua agenda, anotou o nome para adquirir suas obras. Diva, com certeza, poderia indicar as melhores.

Abriu-se a porta e o médico surgiu. Apesar de contar uma idade já avançada – Flávia calculou uns 70 anos – pareceu-lhe uma bonita figura de homem. Um sorriso cativante, cabelos ainda não totalmente brancos, não muito alto, trajava um guarda-pó longo e alvo, com o nome Dr. Benini bordado em verde. Sob a veste branca, uma camisa listrada rosa e branco. Sapatos e calças pretas fazendo um contraste com o guarda-pó. Dirigiu-se a ela estendendo as mãos com um sorriso acolhedor.

— Flávia, seja bem-vinda.

— Dr. Benini, é um grande prazer conhecê-lo pessoalmente. – A expectativa de ver a personalidade do pai de Flávia Flamínia, naquele instante, ainda não se confirmara.

— Antes de nosso trabalho de hoje, reli os e-mails seus e os de Caio. Penso que estávamos abusando do seu tempo e...

O médico interrompe-a.

— De maneira alguma, o tema é de meu interesse também. A propósito, eu havia oferecido a você uma conversa não profissional na companhia de minha filha, no entanto, você fez questão de agendar esta consulta.

— Não necessito apenas explicações sobre sonhos, senti necessidade de investigar minhas vidas anteriores.

— Apenas para confirmar, creio que Caio já lhe explicou que não efetuo trabalho regressivo por mera curiosidade, não?

— Sem dúvida. O que tenho vivenciado nos meus sonhos está me causando ansiedade, e alguns temores, razão por que agendei este atendimento.

Relatou a experiência de desdobramento astral que tivera com Sílvia, a gravidez de Flávia Flamínia em Roma, sua amizade com Litera, o desvelo e carinho de seu pai, o senador, e diversos outros aspectos de seus sonhos.

— Alguns desses personagens você identifica como pessoas de sua relação?

— Não tenho certeza, mas, às vezes, minha maior amiga, Diva, parece ser um dos personagens. Há outros também que, em alguns momentos, me fazem lembrar pessoas de minha relação. – Flávia considerou de bom senso omitir a identificação do senador com o Dr. Benini, o que seria constrangedor, além de passar uma ideia no mínimo estranha para um primeiro contato.

O terapeuta colheu os dados básicos da paciente. Nome completo, idade, profissão, estado civil, endereço, telefone, enfim, um conjunto de informações necessárias para organizar a ficha de Flávia. Antes de iniciar o processo regressivo, procedeu a uma sucinta, porém organizada, anamnese médica.

Flávia sentia seu coração bater acelerado. Por um momento, pensou que talvez não tivesse sido uma boa ideia remexer no seu passado. Afinal, se o pretérito permanece oculto há que existir uma razão sábia da natureza para isso, pensou consigo mesma.

O terapeuta percebe o movimento da sua nova paciente e, com voz calma, coloca:

— Antes de efetuarmos a regressão de memória, faremos um trabalho de recuperação energética.

Colocou um CD com uma música relaxante. Flávia sorriu, ao perceber se tratar de um dos seus discos preferidos, *Imagens*, de Aurio Curria. Convidou-a a se acomodar em uma espécie de divã coberto por um fino lençol amarelo-claro. Ofereceu-lhe almofadas, para que a paciente pudesse melhor recostar a cabeça. Flávia, ao observar as almofadas e deitar-se no divã, sentiu novamente a taquicardia. O cenário composto por almofadas, divã, e aquele respeitável senhor à sua frente a remetiam quase que instantaneamente ao seu passado de patrícia romana.

Dr. Benini inicia o trabalho.

— Relaxe... sinta a suavidade dessa música. Mantenha os olhos fechados. Volte seu pensamento para dentro de você. Respire lenta e profundamente. Neste exercício, ao contrário de outros que poderemos fazer nas próximas sessões, você deverá falar pouco, certo?

— Certo.

Aguardou alguns segundos e prosseguiu.

— Ligue-se com o Amor Universal e com os seres superiores que a amparam. Solicite auxílio.

— Faço uma prece?

— Basta imaginar uma luz que a envolve.

— Sim...

— Pense em seu corpo energético deixando o seu corpo biológico e se situando fora desse corpo, de maneira que você possa ver, ouvir, sentir e pensar fora do corpo físico.

— Sim...

— Você, na realidade, é energia. Imagine que pode se sentir como um corpo totalmente de energia.

— Sim...

— Sinta-se, cada vez mais, como um campo energético. Imagine-se como uma luz. Pode se perceber como uma luz?

— Posso, sim...

— Qual a sua cor?

— Rosa. Rosa claro e brilhante.

— Agora, imagine que seu ser hiperconsciente, seu eu interno, é um *expert*. Seu inconsciente puro entende e domina todos os mecanismos. Faça uma observação detalhada em você.

— Onde?

— Da cabeça aos pés. Observe toda a sua configuração energética.

— Sim...

— Como está funcionando?

— Parece-me bem...

— Observe por um tempo. Talvez pontos escuros.

Ao fundo, a música suave continua. A atmosfera energética constitui um ambiente sereno e agradável. Após alguns segundos, Flávia responde:

— Creio que tudo está bem.

— Você não vê pontos escuros?

— Não.

—Veja se falta luz em algum lugar. O que você percebe? Aguarde a resposta do seu hiperconsciente.

Flávia, após alguns segundos de mentalização, intuiu que na região dos genitais havia menor luminosidade. Procurando ser mais discreta, comentou:

— Na região do baixo ventre.

— Pergunte ao seu Inconsciente Puro se isso indica um bom equilíbrio nessa região. Aguarde em silêncio a resposta. Escute o que sua intuição lhe diz.

Flávia percebe um campo escuro na região correspondente ao útero. Dr. Benini continua.

— Responda sim ou não. Existe algum problema ali?

— Sim.

— Amparada pelo Deus que habita dentro de você, e pela equipe de seres de luz, você vai ver se existem focos de desarmonias em seu corpo energético. Responda com o que sua percepção ou intuição lhe diz.

— Pela lógica, eu...

Dr. Benini a interrompe com delicadeza, porém com determinação e firmeza.

— Não seja racional. O que você sente?

— Sinto que há desarmonias.

— Quantos focos você intui?

— Dois.

— Você vai voltar sua atenção para o foco mais importante a ser trabalhado agora. Fixe sua atenção nesse foco.

Flávia mentaliza a região uterina.

Imagine que você coloca uma luva de luz branca em suas mãos. Imaginou?

— Sim.

Mentalize um raio de luz branco saindo de sua mão dominante. Esse raio pulsa emitindo estrelinhas prateadas. Com essa luz, ilumine esse foco. Você irá ver alguma coisa nesse foco. Perceba se há algo nesse foco que atrapalha você. Algo que ali existe impede uma boa circulação das energias. Com essa luz iluminando cada vez mais esse foco, você vai ver algo ali dentro. O que percebe?

— Uma massa escura.

— Forme uma imagem. Dê forma ao que imagina ver.

— Uma esfera irregular e escura.

— Com um raio de luz prateada, retire o que tem nesse foco.

- Como?

— Mentalize, com a força do seu pensamento e das energias do ambiente. Com um raio de luz branca e prateada, retire o que tem nesse foco. Agora! Rápido! Está retirado. Imagine que na sua frente há uma caixa de vidro luminosa. Você vai colocar dentro dessa caixa de vidro o que retirou do foco. Pronto, feche a caixa.

— Puxa! Eu...

— Olhe novamente o foco. Ilumine esse foco outra vez. Há mais alguma coisa?

— Não.

— Observe bem. Ilumine-o bem.

— Há uma espécie de resíduo como um pó...

— Retire completamente. Coloque dentro de outra caixa

igual à primeira. Conseguiu?

— Sim.

— Há mais alguma coisa?

— Não. Não, com certeza.

Observe, agora, as caixinhas de vidro. Construa mentalmente uma fogueira. Ao redor dela há uma redoma de vidro. Nessa fogueira existe uma chama branca. Você vai colocar as caixinhas nessa fogueira. Feche a redoma de vidro. Perceba que uma luz do alto amplia a fogueira. Deixe o fogo consumir totalmente as caixinhas. Observe o que acontece com as caixinhas. Restou alguma coisa? Sim ou não?

— Não.

— Muito bem. Volte sua atenção, novamente, ao foco no seu corpo onde retirou os elementos. Imagine que de sua mão dominante sai, outra vez, um raio de luz. Desta vez uma luz branca, porém leitosa. Direcione essa luz branca e leitosa ao foco que você tratou. Preencha todo o espaço. Deixe essa energia atuar e recompor todo o seu campo energético da maneira que você sente ser a mais adequada. Irradie luz. Confie na sua força. Quando você tiver terminado, diga sim.

— Sim.

— Agora, jogue essa energia branca e leitosa em todo seu corpo energético. Deixe que ela envolva todo o seu campo. Qual a cor da luz que envolve o seu campo energético?

— Verde.

— Essa cor é boa para você?

— Sim... também é boa...

— Depois desse banho de verde, que cor você considera ser melhor para você?

— Rosa.

— Então mude para essa cor. E agora? Está bem?

— Sim... bem...

— Faça o que você precisa fazer para se sentir muito bem e recompor todo seu corpo energético. Pensa na luz e na cor que lhe agrada.

— Um arco-íris...

Dr. Benini mordeu os lábios para não rir de modo audível.

— Sim, minha filha, um arco-íris. Você pode trabalhar a si própria toda vez que sentir necessidade. Você tem todos os recursos e sabe melhor do que qualquer pessoa o que precisa para se sentir bem. Sinta-se saudável, cheia de luz. Você pode fazer esse trabalho em todos os seus corpos: físico, energético, emocional e mental. Compreende? Responda apenas, sim ou não?

— Sim.

— Sinta o bem-estar... respire tranquilamente. Flávia, sinta-se em paz e deixe a alegria, o amor e a felicidade percorrerem todas as suas células. Fique por alguns segundos respirando e beneficiando-se dessa energia de completo bem-estar. Permaneça de olhos fechados. Sente-se bem?

— Sim.

Agora, você vai voltando a sua consciência habitual... acordando seu corpo biológico, mantendo esse estado de paz, bem-estar e relaxamento... volte sua atenção para esta sala, para o aqui e o agora... ainda de olhos fechados... sentindo-se plena, calma, renovada e tranquila. No seu tempo e ritmo, volte totalmente para cá. Quando estiver sentindo bem sua consciência, no seu corpo aqui e agora, abra os olhos.

— Pronto... puxa, que maravilha!

— Percebeu que não fizemos regressão?

— É verdade. Por quê?

— Nosso conhecimento das questões espirituais permite perceber quando ainda não devemos efetuar a regressão. Não era, para você, a hora adequada. Havia necessidade de efetuarmos essa recomposição energética.

— Não faremos, então?

— Faremos, sim. Na próxima sessão.

28

Linus e Flávia

LINUS CHEGARA CEDO À CASA DE DIVA. Propusera, para aquele almoço, exercer suas habilidades culinárias desenvolvidas ao longo dos anos de celibato. Como não era apreciador de carne vermelha, comprara todo um conjunto de ingredientes para preparar a sua especialidade em massas.

Isabella o recebeu com um abraço e um beijo afetuoso.

— Olá, tio Linus!

— Olá, Isabella. Lindo dia, não?

Isabella, que parecia divertir-se com a perspectiva do encontro entre os tios postiços, não pôde resistir à tentação de provocar.

— Muito lindo o dia, mas linda mesmo está nossa hóspede, precisa vê-la.

Linus, não demonstrando o quanto estava embaraçado, colocou:

— Vamos hoje almoçar bem e passar uma tarde agradável.

— Só faltará o papai que gostava tanto dessas reuniões.

— É verdade, George faz falta para todos nós.

Diva chega à sala, trazendo pela mão sua maior amiga.

— Olá, Linus, lembra-se da Flávia?

— Inesquecível...

— Olá, Linus. Vejo que cultiva o bom humor.

— Talvez, mas cultivo também a sinceridade.

Flávia sorriu, entre encabulada e lisonjeada pela maneira com que foi recebida. Durante o período que antecedeu o almoço, a conversa entre os quatro transcorreu agradável, leve e solta. A princípio, trocaram ideias sobre temperos, pratos e culinária em geral. Prepararam, todos juntos, os diversos pratos. Flávia notou a ausência da carne vermelha e resolveu indagar.

— Não que me faça falta, pois não tenho o hábito, mas vejo que ninguém trouxe ou indagou sobre carne.

Linus antecipou-se ao que Diva estava pronta para explanar.

— Da minha parte, nunca mais consegui me alimentar de qualquer mamífero depois de ter visto meu bisavô esfaquear um leitão. Eu tinha cinco anos, foi uma cena horrível. Jurei que não comeria qualquer animal que tivesse filhotes que mamassem. E você Diva?

— Não me recordo bem. Mas, quando li as obras de Annie Besant ou de Helena Blavatsky, creio ter aprendido que segundo a visão dos teosofistas a carne do animal morto cheio de vida, de energia vital, se impregna das sensações da morte súbita e violenta a que foi submetido.

— Você se considera teosofista? – indagou Linus.

— Não. Sou espiritista. Mas leio e estudo outros autores.

— Mãe, você uma vez comentou que nos trabalhos espirituais de que participa lá no Sentieri Dello Spirito leram algo como não ser de bom alvitre a ingestão de carne vermelha antecedendo as reuniões mediúnicas, não é verdade?

— Sim, várias obras fazem menção a isso.

— E por quê?

— Meu ponto de vista pessoal, estritamente pessoal, é que essa recomendação transcende a mera questão de ser um alimento de digestão mais longa. Há muitos outros de digestão mais difícil, no entanto, os amigos espirituais não os mencionam. São específicos na questão da carne.

Flávia interpõe.

— Diva, já li, também, que ao se doar energia magnética seria ideal não ingerir carne vermelha, haveria uma correlação de situações?

— Sim, querida. Entendo que sim. Como você sabe nosso corpo astral ou perispírito está fixo ao corpo físico molécula a molécula.

— Sim, isso eu sei.

— A fixação desse corpo espiritual se faz por um campo de energia que é o corpo etérico ou duplo etérico.

— Sim. Já li sobre isso.

— Pois é, esse corpo etérico é composto basicamente de energia vital ou fluido vital, como também se chama. Quando ingerimos um animal superior, mamífero no caso, e este foi morto numa fase que era cheio de vida, na plenitude da sua existência, portanto, pleno de energia vital, esta energia levamos para nosso organismo e ela busca o nosso corpo etérico. Sucede, então, que esse corpo etérico fica mais denso, dificultando o desdobramento astral, a doação de energia, os trabalhos mediúnicos, etc.

Isabella, desejando participar e impressionar a Linus, comenta.

— Mãe, há também os espíritos vampiros que ficam nos matadouros.

Linus interroga:

— Vampiros? Como assim?

— É uma denominação estranha mesmo. Trata-se de uma patologia, de uma doença psíquica que ocorre em seres da dimensão extrafísica. Melhor explicando, há indivíduos em desequilíbrio tão profundo que, ao sentirem esvair-se sua energia vital, após a morte biológica, buscam locais como matadouros, onde há evasão abundante de energia vital, para tentar reabsorver essa energia.

— Diva, parece-me um tanto fantástico aceitar isso.

— Honestamente, sugiro que não aceite de imediato. Leia, pesquise e analise. George sempre fazia assim. Hoje, tudo que aceito passou por um longo período de perquirição.

Mudaram de assunto. As flores da casa passaram a ser a motivação da conversa. Os já famosos beija-flores, que visitavam a varanda, foram fotografados, em vários ângulos, por Linus. Flávia observava constantemente a maneira suave com que ele se manifestava na conversação. Resolveu se aproximar.

— Gosta de pássaros?

— Muito. Aliás, gosto de todas as aves.

— Eu também. Em Bardolino, fico algum tempo observando os patos, cisnes e demais aves que aparecem no lago. Gosto de todos, mas sou apaixonada pelos cisnes.

— Bom se nós pudéssemos voar como as aves.

— Sem dúvida.

Após alguns momentos, Isabella e Diva inventaram um pretexto para se ausentarem, deixando os dois convidados a sós. Estes conversaram longamente. Ambos sentiam-se satisfeitos pela constatação dos interesses comuns, ideias similares e semelhança de posturas em face de diversas questões.

Flávia sentindo-se à vontade, indaga:

— Linus você gosta de poesia?

Não é o tipo de literatura que estou habituado a ler, mas aprecio uma poesia que traga algo relativo aos sentimentos ou emoções das pessoas, algo como uma reflexão.

— Algo de cunho psicológico?

— Ou ligado à natureza.

— À natureza?

— Sim, por exemplo, ao mar ou a uma paisagem. Não me agradam poesias de cunho político, por exemplo. Para isso há jornais e revistas específicas. Poesias devem expressar coisas da alma.

— Você me encorajou a mostrar meus rabiscos. Não costumo fazer isso, porém estou me sentido tão à vontade com o que acabou de colocar, que vou lhe mostrar algo que escrevi há alguns dias quando me sentei defronte ao meu querido Lago di Garda. Veja o que você sente com relação ao esboço de poesia que rascunhei rapidamente. Falo aqui de sentimentos e da natureza.

Retirou da sua bolsa uma folha de papel. Linus adiantou-se no comentário.

— Ao contrário de você, que é artista, não tenho nenhum conhecimento para opinar. Não entendo de rimas nem nada do gênero.

— A poesia não está nem mesmo corrigida. É apenas um esboço, até sem pontuação definida. Não estou pedindo opinião de um *expert*. Apenas perguntado o que sente.

— Está bem. Linus abriu o papel, dobrado em quatro, e leu.

— Mamma mia! Então foi verdade? Há um documento?

O Lago e o Cisne
Foi num destes finais de tarde.
Estava tão próxima ao lago,
Quando bela figura apareceu...
Nadava leve, como que ao vento,
Sorria, dizendo: Venha! Estou aqui...
Fiquei espantada.
Seria possível um cisne falar?
Vestido de branco, tão acolhedor...
Ele fez um breve silêncio. E depois...
Convidou-me a entrar em seu lago secreto.
Fecho meus olhos por instantes,

E vejo-o de asas bem abertas dizendo:
Sinto muito frio, preciso do teu calor,
Do teu perfume e do teu amor,
Só quero ser feliz, nadar muito, muito...
Porém, minhas asas estão feridas,
Limitado, não posso voar,
Não posso, nem mesmo sonhar!
Neste momento de agora
Onde minha alma mora,
Não posso nem te tocar...
Este o meu lamento.
Novamente, um silêncio tomou conta de nós...
Depois de algum tempo, abri os meus olhos,
Percebi que o cisne já fora embora...
E o lago ficou só!
E chorou!
E chorei...

À medida que Linus lia, Flávia sentia-se cada vez mais envergonhada. Percebeu as falhas nas construções fraseológicas e comentou.

— Linus, não sei como tive coragem de mostrar algo sem corrigir, sem completar. Nunca fiz isto antes.

— Fico lisonjeado pela confiança. Pediu-me para dizer o que sinto desses versos. Então se prepare, serei sincero.

— E, então?

— Seus versos transmitem a dor da solidão.

— Não me sinto só.

— Acredito. Trata-se de um dor inconsciente. Você sabe por que ama tanto essas aves? Qual o significado de um cisne para a Flávia?

— Sempre amei essas aves.

— Desde quando?

— Desde criança.

— Desde criança? Você se recorda de algum episódio interessante, na sua infância, com os cisnes?

— Meu pai disse-me que eles eram monogâmicos, e explicou-me o que isso significava. Nunca esqueci.

— Portanto, um cisne ferido simboliza uma ferida nessa imagem. Isto é, na monogamia.

— No meu casamento?

— É o que percebo. A dor da sua decepção. O cisne branco é, também, uma ave que simboliza a pureza de sentimentos que você tem. Agrega, além disso, um porte digno de uma rainha, como Flávia é elegante nas atitudes.

— Que é isso Linus, por acaso está me cortejando?

— Não. Digo o que estou sentindo. Mas, pensando melhor, por que não? – sorriu de forma simpática e divertida.

Flávia retoma o assunto anterior.

— E o lago?

— Poderia simbolizar o seu inconsciente. Veja que o lago chora. Chora pelo cisne ferido.

— E, Linus, por que nunca casou?

— Tive, também, algumas decepções.

— Também tem uma asa ferida?

— Talvez, mas não sou um cisne. No máximo, um pato.

— Poderia ser um Germano-Real.

— Aqueles de pescoço verde?

— Sim. Há muitos desses no Lago.

O diálogo fazia-se solto, leve, sereno, sem exibicionismo, e deixando transparecer que ambos possuíam muitos pontos em comum. Uma afetividade natural se estabeleceu. Conhecidos, há muito tempo, nunca tiveram ensejo de realmente se conhecerem melhor. Em dado momento, Linus indaga:

— Flávia, você vem a Milão com frequência?

— A partir de agora virei, pois estou fazendo terapia regressiva e, creio, será semanal ou quinzenal.

— Sabe, tenho um bom círculo de amigos, mas são poucas as pessoas com quem gosto realmente de conversar. Gostaria muito de me encontrar com você outras vezes – acrescentou rapidamente – para conversarmos.

— Sinto o mesmo.

Diva e Isabella haviam retornado. Conversaram os quatro, durante várias horas. Nem Flávia nem Linus demonstravam desejo de se despedirem. Ambos se sentiam felizes pela agradável oportunidade do reencontro. Passaram toda a tarde em animado diálogo, sob o olhar de aprovação de Diva e Isabella. Chegara a hora de retornarem às respectivas casas. Ao se encaminharem para os carros, trocaram um olhar de mútua compreensão e afeto. Linus asseverou.

— Amanhã ligo para Bardolino para continuarmos a conversa. Para mim será prazeroso.

— Da mesma forma, Linus. Vou esperar seu telefonema.

29

Caio e Isabella

Isabella transpirava ansiedade por todos os poros da alma. O resultado do exame laboratorial, que confirmava a gravidez, deixara-a tão feliz quanto preocupada. O namorado ainda não tomara conhecimento do acontecido e os dois se encontrariam naquela tarde.

Caio, por sua vez, após haver sonhado que sua amada estava ansiosa para mostrar algo que lhe parecera ser um documento, também se sentia em expectativa crescente com relação ao encontro. Sua mãe deixou-o à porta do Parque Simpione.

Ambos caminhavam, pelo imenso parque, em sentidos opostos, porém convergindo para a mesma direção. A tarde se fazia agradável. Revoadas de pássaros ocorriam em várias direções. Um esquilo cruza à frente de Caio e sobe rapidamente em um tronco de árvore. O rapaz sorri, acompanhando o pequeno animal com os olhos. Numerosos carrinhos de bebê eram empurrados por mães e pais que aproveitavam o saudável sol de final de tarde.

Ao atravessar graciosa ponte em arco, Caio divisa a namorada vindo em sua direção. Acena e corre para Isabella chamando-a.

— Florzinha!

— Caio!

Abraçaram-se longamente, com toda a intensidade e calor de sentimentos que lhes brotavam da alma. Ao se beijarem, Caio notou uma lágrima que escorria pela rósea face da garota.

— Florzinha, você está chorando?

— De alegria.

— Eu também estou feliz. Só que não vou chorar – disse brincando. – Parece que passou mais tempo do que o real, nesses dias que nos separaram.

Caminharam abraçados alguns minutos. Isabella, ansiosa para dar a notícia, procura escolher as palavras.

— Caio, você viu quantas mães estão com carrinhos de bebê, passeando no parque?

— Sim, é muito bonito ver isso.

— O conceito de família para você é importante, não?

— Sem dúvida, querida.

—Você sempre me disse que gosta de crianças.

— Sim, mas não tanto quanto gosto de você.

— Mas gostaria de ter um filho?

— Uma família só se completa com um filho.

— Caio, você notou quantos papais, também felizes, empurravam os carrinhos?

— É verdade. Vi muitos pais aqui no parque.

— E o que você pensa disso?

— Maravilhoso. Naturalmente, não me lembro dessa fase de minha infância, mas o fato de meus pais se separarem muito cedo sempre deixou a lacuna da participação paterna na minha vida.

— Você seria, então, um pai muito presente.

— Tenho certeza disso. Se um dia eu for pai, procurarei dar ao meu filho todo o amor e presença que puder.

— Ao seu filho? – enfatizou o pronome possessivo.

— Só concebo ter um filho com você, meu amor.

— E quando imagina que poderíamos ter um filho?

— Imagino que depois de terminar minha faculdade e ter um emprego condigno, deveríamos nos casar, e, com uns dois anos de casados, planejarmos bem isso. E você, o que pensa?

— Acho que seria o ideal. No entanto, se acontecesse algum descuido nosso, e eu engravidasse, como você receberia isso?

— Florzinha, se isto acontecesse, a nossa primeira preocupação seria com a felicidade de nosso filho. Não pensa assim?

— Naturalmente.

Isabella procurava ainda as palavras, para dar a notícia a Caio, quando este inadvertidamente facilitou a conversa.

— Bella, tive um sonho estranho.

— Conte-me, querido.

— Você estava segurando um documento e chorava com ele na mão. O interessante é que o choro não parecia ser de desespero. Não entendi muito bem.

— Não seria um choro de alegria?

— Curioso, foi o que minha mãe me perguntou.

— Caio, não seria este aqui o documento que sonhaste?

— *Mamma mia!* Então foi verdade? Há um documento?

— Pode ter sido um encontro nosso, em desdobramento astral. Veja!

Caio lê o resultado do exame. À primeira vista, por não estar acostumado com esse gênero de situação, não consegue atinar bem com o que estava manuseando, mas, súbito, exclama:

— É um exame seu... exame de gravidez. Positivo! *Madonna mia!* Você vai ser mãe e eu... pai! Incrível, como isto é possível? Quer dizer... eu sei... meu amor! Eu te amo! Eu te adoro! Mamãe!

Isabella chorava de contentamento.

30

Energias do Egito

À ÉPOCA DE AUGUSTO, Roma fazia-se uma cidade cosmopolita, cheia de bandidos e desocupados. O povo, em geral, mostrava-se indisciplinado e revolucionário. A crise moral eclodia sempre forte, em todos os setores. O remédio radical para evitar que Roma se tornasse a taberna e o prostíbulo do mundo sempre pareceu a Augusto ser a reforma dos costumes através de leis rígidas.

Augusto, para manter o controle da cidade, tinha que contar com seu prestígio de salvador de Roma, vencedor de Cleópatra e pacificador das guerras civis. Para o povo, o supremo mandatário do Império havia realizado verdadeiros milagres. Restabelecera a paz, o progresso e moralizaria a justiça, corrigiria os costumes, reergueria o culto aos deuses. Era por tudo isso depositário das esperanças de todos.

Ao chamado Primeiro Imperador Romano era atribuído um poder de cuja dimensão ele próprio não fazia ideia.

O povo se convencera que seu imperador era investido do poder de fazer milagres. A devoção contagiante se transformara em desequilíbrio, em alguns casos. Essa adoração era tal que um determinado senador percorria as ruas de Roma conclamando os transeuntes a se consagrarem a serviço de Augusto e prometerem morrer por ele. Consolidava-se o mito do Deus imperador. Mas poderíamos encontrar, então, no Império, um homem que não acreditava, e até se atemorizava com o mito de Augusto: o próprio Augusto.

Os adivinhos de Roma, segundo uma estranha doutrina etrusca, divulgavam o fim do mundo para o século X. Alguns oráculos, mencionados pelo poeta Virgílio em seus versos, induziam a considerar Augusto um ser especial.

Grandes fortunas de patrícios romanos haviam se constituído da espoliação e pilhagem dos povos conquistados. Em especial, os grandes tesouros de Cleópatra eram constantemente transportados do Egito sob os mais diversos pretextos. No entanto, algo curioso acontecia. Mesmo após ter sido repelida uma audaciosa sublevação do Egito, derrotada em Ácio, uma nova invasão egípcia estava ocorrendo: uma invasão sutil e pacífica, mas que apresentava outro perigo. A mudança nos hábitos, nos conceitos e na mentalidade do povo romano.

Relatam todos os pesquisadores, que, após a queda da dinastia dos Ptolomeus, os comerciantes de objetos de arte e de luxo, bem como artesãos que trabalhavam para nobres egípcios, passaram a se deslocar progressivamente para diversas cidades do Império Romano, em especial para Pompéia, Pozzuoli e Roma. Construtores provindos de Alexandria passaram a erigir palácios suntuosos. As diversas lendas criadas em torno de Cleópatra e das coisas egípcias determinavam um aura especial a tudo que proviesse daquela região.

Muitos romanos ligados a Augusto haviam passado meses em Alexandria e deslumbraram-se diante das casas dos ricos senhores egípcios. Extasiaram-se com o luxo dos móveis, vasos, tecidos e objetos de arte. A exacerbação do luxo em toda a península itálica era alimentada pelo Egito. Muitos patrícios romanos tinham negócios na região do Nilo e para lá viajavam constantemente.

Juntamente com o ouro, a prata e a arte, eram importados costumes e ideias. A tradicional valorização da simplicidade romana era substituída pela exibição de suntuosas mansões. A mais famosa e admirada dessas mansões era a de Mecenas, o protetor de poetas e homens de letras.

Artistas e artesãos de Alexandria eram os mais solicitados para atender exigências da novidade e da elegância. Roma deixava, aos poucos, as características sóbrias da antiga república. Da metrópole egípcia, dos antigos Ptolomeus, transferiam-se para as casas romanas os desenhos e as imagens que se acomodavam nas abóbadas, nas paredes e no mobiliário. Trabalhos executados durante séculos eram copiados, aperfeiçoados ou simplesmente roubados do Egito.

Nas novas mansões, as salas eram divididas por muros que se compunham de encaixilhados de madeira finamente trabalhados. Cenas tiradas de Homero, Teócrito, da mitologia ou cenas dionisíacas, muito em voga no Egito dos Ptolomeus, eram pintadas ou esculpidas nas paredes e muros.

Usualmente, as pinturas decorativas eram copiadas das egípcias. Assim, apresentavam palmeiras eretas com regatos sobre os quais se viam pontes elegantes de um só arco. Outros senhores optavam por cenas de colinas e planícies com pequenas vilas, torres, colunatas ou representações de minúsculos oásis.

Em quase todas as casas viam-se obras-primas elegantes, mas impregnadas de erotismo. Cenas de amores e cenas báquicas era um costume quase geral. No entanto, em determinadas peças de algumas mansões optavam-se por pinturas de obscenidade direta e vulgar, sem qualquer restrição.

A *Lex Julia de Adulteriis* fora promulgada devido à verdadeira epidemia de devassidão que assolava Roma. Mulheres pertencentes a famílias de senhores pouco ricos, casadas também com patrícios de condição mediana, empenhavam-se, com o consentimento dos maridos, a aumentar o patrimônio financeiro da família, subtraindo volumosas quantias dos ricos de Roma por meio de carícias íntimas. Apesar do amor e da tradição aos valores do passado, as altas classes de Roma olhavam com indulgência essa prostituição elegante, pois que dava prazer a uns e dinheiro a outros.

O adultério constituía-se em excelente negócio para muitos cavaleiros e senadores, e aumentava em Roma o número de mulheres cujo corpo era sabidamente vendido em leilão. O poeta Propércio, amigo do riquíssimo Mecenas, muitos versos escreveu retratando essa fase anterior à *Lex Julia de Adulteriis*, lei que tentou coibir e punir comércio tão vergonhoso. Numa dessas poesias, Propércio faz *A porta* de uma importante casa romana contar-nos o que acontecia.

Eu – diz a porta – que só me abria outrora para os grandes triunfos.
Eu, em cujo umbral se detiveram tantas carruagens douradas,
Eu, que acolhi as lágrimas de tantos prisioneiros súplices,
Sofro agora, à noite, sob punhos de homens...
Que discutem diante de mim e que me pedem entrada.
Vejo-me adornada todos os dias por miseráveis coroas de flores.
E, aos meus pés, se apagam as chamas dos amantes,
Que não foram recebidos...
Já não posso proteger as noites de uma dama ilustre.
Eu que, depois de tanta glória, fui atirada ao escândalo,
Por versos imorais.

Ah! Esta dama ilustre já não se preocupa com a defesa da minha honra,
Pois que se empenha em ser mais dissoluta que a própria época,
Sob a qual vivemos...

Os escritos desse poeta, no entanto, mais divulgaram e promoveram a dissolução dos costumes. Outros poetas ilustres como Tíbulo, o protegido de Messala, também se esmeravam na poesia erótica romana, tornando-se agentes da dissolução da sociedade antiga e da moral tradicional da Roma republicana.

Antes das rígidas leis promulgadas por Augusto, aos homens era mais seguro e agradável, em vez do casamento, uma ligação fortuita com patrícias ou com libertas. Inúmeras ligações ocorreram com cantoras gregas, dançarinas do oriente médio ou com as formosas escravas loiras do norte da Europa. Ligações que não os obrigavam a legitimar eventuais filhos. Outros se uniam a jovens pederastas corruptos, preparados na arte de dar prazer aos dominadores do mundo.

A Itália desejava continuar no oriente após o domínio do Egito, e a conquista da Pérsia fora ao mesmo tempo sonho e projeto, para a consolidação do controle romano na região do leste. No entanto, alguns pensadores discordavam. Muitas mentes em Roma consideravam como a única salvação ética do Império, a restauração do Estado latino e o retorno do espírito de tradição, em lugar de empreender novas conquistas. Nesse aspecto, Horácio foi o poeta que procurou criar uma poesia lírica tipicamente latina, valorizando a tradição. Deixou-nos documentos interessantes, demonstrando essa crise de contradição em que se debatia a Itália. A contradição entre os conceitos hauridos na conquista do Egito, o sabor do fausto de Cleópatra, e os valores do direito e da simplicidade da antiga república romana.

Via-se crescer e disseminar-se em Roma o luxo e as volúpias mantidas pelo dinheiro egípcio. Em contrapartida, avolumavam-se as manifestações contrárias à cobiça, à avareza e à corrupção. A nação mergulhava em profundas controvérsias, e um vácuo moral se estabelecia no gigantesco Império.

Horácio não se definiu entre as duas correntes discordantes. Às vezes se deixava conduzir por uma ou por outra, sem demonstrar satisfazer-se com nenhuma das ideias. Tinha convicção de que a grandeza da tradição era fundamental para restaurar os valores do povo romano, mas sua fraqueza moral o levava a navegar o barco de suas poesias ora em águas da ética, ora nas águas do prazer mundano. Suas poesias retratavam, fielmente, essa dualidade existente na sociedade e no íntimo do seu ser.

A vida dissoluta dos homens e mulheres romanos culminava na prática de abortos cada vez mais frequentes. Outrora, invocava-se para o "ventre fecundo" a proteção da deusa Ísis e de Ilítia, mas, agora, as mulheres, no dizer de Ovídio, não se constrangiam nem temiam "sondá-lo com o ferro", a fim de provocar o aborto.

Paralelamente à intensa degradação dos costumes, ao culto exagerado da sensualidade, do luxo e dos valores materiais, algumas mentes buscavam a luz do saber. A filosofia de Pitágoras, o famoso matemático, era também estudada em Roma por alguns homens cultos, amantes da filosofia e da ética. Pitágoras falava na volta periódica das almas à Terra, dizia que almas e corpos se juntam de novo e o mundo renasce sob antigas formas.

31

Sonho e confidências

FLÁVIA VIA-SE EM TRAJES DE PATRÍCIA ROMANA a deambular pelas belas dependências da casa de seus pais, Sílvia e o Tribuno Ético. Via-se caminhando em direção ao senador, enquanto acariciava seu lindo bracelete de esmeraldas. Sentia-se bem ao olhar os pés, calçados com as belas sandálias egípcias, presente do seu *babbo*.

Flávia Flamínia decidira abrir-se com o pai sobre a gravidez. Afinal, como lhe dissera Litera, a escrava, era o neto do senador que residia no seu ventre. Elevou seu pensamento aos deuses lares que protegiam aquela casa. Logo encontrou o pai. Sorriu ao vê-lo debruçado sobre curiosos desenhos e escritos. Saudou-o afetivamente.

— *Babbo!* Meu pai querido.

— Minha amada filha, Flávia Flamínia!

— Que estudas?

— A filosofia de Pitágoras.

— O grande matemático de quatro séculos atrás. Até hoje seus estudos nos são úteis, não é meu pai?

— Não são as maravilhosas conclusões de Pitágoras sobre as figuras geométricas, os números racionais, nem a escala de Pitágoras que me empolgam, mas sim sua metafísica, o Pitagorismo.

— Disso apenas ouvi falar. O que me podes ensinar do Pitagorismo?

— Pitágoras nos fala da realidade por trás do mundo visível. Nos fala da continuidade da vida após a morte.

— Nos ensina sobre a vida dos deuses?

— Ensina-nos sobre a purificação da alma pelo conhecimento. Atribui essa purificação à experiência de muitas vidas.

— Como assim, muitas vidas?

— Pitágoras afirma que, após a morte do corpo, a alma renasce. Isso determina a evolução do ser. A alma adquire cada vez mais experiência com os sucessivos renascimentos.

— Pelo que aprendi com meu pai, Sócrates e Platão também ensinavam sobre as múltiplas vidas.

— É verdade. Platão até mencionava que antes de renascer a alma mergulha no "rio do esquecimento", para não se recordar das vidas passadas.

— E esses conhecimentos de Pitágoras vieram todos da Grécia?

— Sim. Ou melhor, não. Muitas dessas informações ele as trouxe do Egito.

— Como tu sabes, nunca estive lá. Que pensas do povo egípcio?

— Em que pese o exagero do luxo, há um lado fascinante. Há grandes pensadores, exímios artistas, pessoas dedicadas à escrita, e a diversas ciências. Em algumas famílias egípcias, igualmente à nossa, se cultivam valores do saber e da ética. Conheci sacerdotes e magos que me impressionaram. Manuseiam a energia do pensamento como se conhecessem o segredo dos deuses. Os templos encerram ensinamentos e segredos que ainda não consigo absorver plenamente. É um povo que, às vezes, não me parece real, como se tivesse caído de uma estrela.

Conversaram pai e filha, durante horas. A doutrina da metempsicose foi, entusiasticamente, exposta pelo senador. A mística dos números, e seus valores simbólicos, relacionando-os ao destino, determinismo e livre-arbítrio, na concepção da reencarnação. A doutrina de Pitágoras era uma das paixões do nobre Tribuno.

Flávia sempre se encantava com os dizeres de seu pai e, ao contrário da mal-humorada Sílvia, bebia suas palavras com sofreguidão. Após algum tempo, a jovem inicia a abordagem da questão que a angustiava.

— Meu pai, o que pensas do aborto?

— Na realidade, minha filha, tal prática me revolve as entranhas. Sinto-me repugnado com isso.

— Está sendo cada vez mais comum nos dias de hoje.

— É verdade, Flávia Flamínia. Para as mulheres que não respeitam a sua família, o aborto parece-lhes o único remédio quando no ventre se desenvolve um ser indesejado.

— No entanto, às vezes... - Flávia procurava as palavras para trazer sua situação à conversação.

— Os abortos proliferam porque não há responsabilidade nos relacionamentos, isto é, não há amor.

— Crês, meu pai, que eu me entregaria a um homem se não o amasse verdadeiramente?

— Com certeza não o farias.

— De fato. Eu só me relacionaria intimamente com alguém que amasse com todas as forças da minha alma.

— É o que sempre espero da minha filha.

— Meu amado pai, quero dizer-te que já encontrei o homem da minha vida, aquele com quem gostaria de constituir uma família e passar o resto da minha vida até a velhice.

— Tenho te observado quando percorres a vegetação que envolve nossa casa. Sei que te encontravas lá com um mancebo.

Sim, conversavas com o jovem Plinius, o grande amigo de Ovídio. Trata-se de uma pessoa com todos os atributos para ser teu esposo. Tenho me informado sobre o passado dele. No momento, ele está na terra dos getas bárbaros, acompanhando Ovídio.

Um misto de surpresa e admiração passa pela mente da jovem. Seu pai sabia dos encontros! Por certo compreenderia o que acontecera.

— Sim, papai. Amo a Plinius. Mas não o vejo há algum tempo.

— Ovídio ainda necessita da sua presença no exílio. Não sabemos quando estarão de volta. Mas faz-se necessário que as visitas de Plinius sejam, a partir de agora, não só para você, mas a todos nós da família. Urge que as famílias sejam integradas.

— Papai, fico feliz por acreditares que só me entregarei a um homem quando um profundo amor por ele brotar do meu coração.

— Afinal, posso dizer que conheço tua alma.

— Por isso, preciso te dizer algo muito importante.

— Sim?

— Eu espero um filho de Plinius.

O Tribuno Ético arregalou os olhos. Abriu ligeiramente a boca. Sentou-se no banco de mármore. Baixou a cabeça. Uma lágrima em cada olho dançava nas pálpebras inferiores, teimando em não cair.

— Flávia, logo você?

— Papai, ele é seu neto! E eu amo Plinius.

— Neto do Tribuno Ético.

Flávia compreendeu o sentido da frase. Pôs-se a chorar. O pai, ao vê-la assim, foi tocado de forte emoção. Abraçou-a.

— Querida filha, providenciaremos para que todos os cuidados médicos te sejam dados.

— Eu quero ter este filho! Tu me permitirás ter esta criança?

— Sim, minha filha. Tu tens razão, ele será meu neto. Para tua segurança e de nossa família, deverás ir logo para Pavia. Irás por motivo de saúde. Lá ficarás até a criança nascer. Não te preocupes, iremos te visitar com frequência. Depois, pensaremos como justificar essa "surpresa".

— Papai! Fico feliz por me compreenderes.

— Filha querida! Vou comunicar a tua mãe.

— Mamãe, não! Ela…

— Não esperes a mesma compreensão dela. Mas é melhor que seja logo informada.

32

Aborto e morte

Flávia voltara ao consultório do Dr. Benini. Desta vez, o médico optara pela regressão propriamente dita, tendo em vista determinadas dificuldades que a paciente apresentava. Um mioma uterino estava a exigir uma intervenção cirúrgica, porém a simples menção de operar o útero a levava à sensação de morte iminente.

O processo de relaxamento físico e mental fora concluído. Após cerca de 20 minutos de indução magnética, utilizando a técnica da Dra. Fiore, Flávia sentiu-se novamente como Flávia Flamínia, no século de Augusto.

Dr. Benini, conduzindo o processo, faz a paciente retroagir no tempo. Utilizando a técnica adequada, conduz a memória de Flávia há poucos minutos que antecedem o evento responsável pelo problema. Isto é, induziu Flávia a retornar no tempo, buscando a sensação de morte iminente pela intervenção no útero. Havia um motivo que justificava, plenamente, o processo da terapia regressiva. Não era mera curiosidade o que determinara a opção pela regressão. Dr. Benini utilizou um método regressivo próprio, adaptado segundo sua experiência.

— Flávia, quando eu terminar a contagem, você estará a

cinco minutos antes de um fato importante que determinou seu pavor em efetuar essa cirurgia que necessita.

Dez... nove... oito... aprofundando... sete... seis... cinco... está quase chegando... quatro... três... atenção... três... dois... um... Agora! Você está lá. Fale o que está percebendo.

— Estou com medo.

— Você está sozinha?

— Não. Estou com minha mãe.

— De que ou de quem está com medo?

— De minha mãe. Ela me olha de maneira estranha.

— Você é criança ou adulto?

— Adulto, sou mulher.

— Como se chama?

— Flávia Flamínia.

— Onde você está?

— Em Roma, Roma antiga.

— Que época é essa?

— A época de Augusto.

— Como você está vestida?

— Com roupas de uma patrícia romana.

— O que você está sentindo?

— Estou com medo da minha mãe.

— Continue.

— Ela ficou de me levar ao médico egípcio. O médico que meu pai indicou, mas ela está me enganando.

— Por que você precisava ir ao médico?

— Eu estava esperando um bebê. Precisava de orientação.

— Continue. O que você está fazendo?

— Estou caminhando, Sílvia está me levando para um lugar que me dá medo.

— Quem é Sílvia?

— Minha mãe.

— Há mais alguém com você?

— Não. Ela dispensou Litera, minha escrava de confiança.

— Onde você está? É um lugar aberto ou fechado?

— Fechado.

— Continue. Aonde chegaram?

— Em um lugar escuro. Há um homem horrível. Ele diz que é médico, mas não é quem meu pai indicou. Não me parece médico.

— Quem é seu pai?

— O Tribuno Ético – senador do Império Romano. – Nesse instante, o Dr. Benini sentiu seu coração disparar.

— Seu pai não está ali?

— Não. Deve ter viajado.

— Continue.

— Não quero entrar nesse lugar, tenho medo.

— Continue. Veja o que aconteceu.

— Sou forçada a tomar uma coisa horrível. O homem diz que é necessário para me tratar. Estou tonta, tudo roda, acho que desmaio.

— Continue.

— Minha mãe me traiu. Esse médico não é o egípcio que meu pai havia recomendado.

— E depois? Perceba o que acontece nesse lugar.

— Estou deitada. É horrível! Abro e fecho os olhos, aquele líquido me deixou sem ação.

— O que aconteceu?

— Uns ferros dentro de mim. Estou sangrando muito. Estou tonta, vomitando de dor e de ódio. Mataram o meu bebê! Choro muito e, chorando, eu desmaio.

Flávia chora convulsivamente. Dr. Benini enxuga, discretamente, as lágrimas da paciente com um lenço de papel. Surpreende-se ao notar que de seus próprios olhos descem também algumas lágrimas.

— Vou pedir à sua mente subconsciente que a leve, ali nessa vida, para cinco minutos antes de sua morte. Onde você está? Gostaria que você descrevesse o que está acontecendo. O que sente?

— Ainda estou nesse lugar horrível.

— Procure deixar esse lugar e se localizar onde você morreu.

— Continuo ali.

— Está bem, então veja como saiu dali, o que aconteceu depois.

— Estou sangrando muito. Estou fraca. Cada vez mais fraca... mais fraca... morri ali mesmo.

— Continue. O que percebe?

— Sílvia está desesperada. Só queria fazer o aborto.

— Perceba o que lhe causa a morte.

— Hemorragia.

— Alguma dor?

— Não. Estou ficando leve...

— Quais seus últimos pensamentos?

— Nunca mais vou deixar alguém fazer isso comigo!

— Veja que após sua morte você foi envolvida por uma luz. Perceba isto.

— Sim, estou sentindo uma luz me envolvendo.

— Observe bem se vê algo mais.

— Vejo duas pessoas sorridentes me acolhendo e me abraçando.

— E depois?

— Sou levada para um local lindo. Muitas flores, muitas mesmo. Ali sou amparada.

— Veja se vê algo mais.

— Não. Ali me sinto bem.

— Agora, você vai voltar aos poucos para o aqui e o agora. Vai voltar lentamente. Vou contar de dez a um. À medida que eu faço essa contagem, preciso lhe dizer algo fundamental para sua cura.

Dez... Você tinha esses fatos gravados no seu inconsciente, eram núcleos de energia fortes que a prejudicavam. Agora, eles foram drenados para o exterior, foram eliminados.

Nove... Você não possui mais essa energia deletéria no seu inconsciente.

Oito... Esses fatos eram desconhecidos seus, pois estavam no inconsciente, agora já são conhecidos, estão no consciente da vida atual. Eles não são mais uma força descontrolada. Sua mente consciente pode dominar esse resíduo de energia que ficou e eliminar esse medo.

Sete... Você sabe agora o motivo do seu medo de morrer pela intervenção no útero. Veja que você disse: Nunca mais vou deixar alguém fazer isto comigo!

Seis... Você não estava pressentindo a morte, estava se recordando de algo que acabou, algo que não existe mais.

Cinco... Fortaleça na sua mente a informação de que esse medo não mais existe, pois se refere a algo que já terminou.

Quatro... Parabéns! Sua regressão foi muito útil. Você se lembrará de tudo que vivenciou. E, de hoje até a próxima sessão, caso possa efetuar, terá uma visão cada vez mais clara de que tudo aquilo acabou. Permaneça de olhos fechados até o final. Eu vou contar de três a um. Quando chegar ao um você será, novamente, Flávia, que mora em Bardolino, mãe de Caio e Pietro. Estará aqui no meu consultório no dia – olhou no calendário ao lado – e declinou dia, mês, ano e hora. Vamos agradecer a esta luz que nos iluminou durante todo o processo.

Três... Movimente, suavemente, seus pés... isso, assim.

Dois... Movimente suas mãos... muito bem.

Um... Abra seus olhos. Como se sente?

— Muito bem! Impressionada, mas muito bem mesmo. — Quando quiser, pode levantar-se.

— Obrigada! Vou permanecer alguns instantes assim para me recompor.

— Fique à vontade. Descanse um pouco.

— Dr. Benini, foi muito significativo para mim tudo que vivenciei nessa regressão.

— Vamos conversar mais um pouco sobre tudo que aconteceu e, depois, correlacionarmos com seus sonhos.

Após ter ingerido um copo de água, Flávia demonstrou sua satisfação ao constatar a semelhança dos fatos vivenciados com as fortes impressões que tivera em seus sonhos. O médico fez diversas anotações e salientou, novamente, a necessidade de considerar como removidos os núcleos de energia que a faziam temer a cirurgia no útero.

Ao despedir-se, ela teve a forte impressão de ter reencontrado seu pai. Controlou-se para nada dizer. Pensou: “Será que ele teve, também, sua oportunidade? Uma nova chance de estar junto da filha no momento de sua morte? Desta vez ele não viajou.”

33

O telefonema

Após o agradável fim de semana na casa de Diva e Isabella, Linus não deixara de pensar na figura de Flávia. Sua simpatia, aliada à beleza suave e aos modos elegantes, porém sem afetação, o havia impressionado. Decidira telefonar para Bardolino.

Deseja muito voltar a vê-la e conversar. Não costumava ter dificuldades nesse gênero de abordagem com o sexo oposto, mas surpreendia-se, um pouco, com algo que lhe acontecia. Sentia-se intimidado diante da segurança e firmeza de atitudes daquela mulher. Curioso é que já a conhecia de outros encontros na casa de Diva, anos atrás, mas nunca sentira a atração e o interesse que no momento percebia em si mesmo.

Tanto pensara em telefonar que já tinha na memória o número de Flávia. Chegara a casa decidido a efetuar a ligação. Antes, para melhor refrescar as ideias, resolveu tomar um bom banho de chuveiro. Enquanto aproveitava a ducha, imaginava que tipo de conversação seria ideal para começar. Pensava em várias temáticas, quando se recordou que Flávia fizera a regressão de memória com o Dr. Benini. Seria um assunto interessante para ambos, fascinante. No entanto, para Linus, mais fascinante que o assunto seria ouvir a voz, escutar a respiração e imaginar seu olhar e como ela estaria vestida.

Linus, após vestir um confortável roupão e calçar seus chinelos, olha o relógio de parede. Fala para si mesmo.

— São nove horas e quinze minutos. Deve ser um horário adequado. Digita os números e pensa: "*Alea Jacta Est* – A sorte está lançada". Famosa frase de Júlio César ao atravessar o rio Rubicon.

— Pronto! – atende uma voz masculina.

— Boa noite! Quem fala aqui é Linus de Milão. É da residência de Flávia?

— Olá, Linus! É Pietro, filho dela. Como vai?

— Olá, Pietro! É um prazer. Você e Caio como estão?

— Todos bem. Caio não está, aliás, o meu irmão falou que gosta muito de conversar com você. Pena que ele não esteja em casa.

— E o seu basquete como está? Sempre em atividade?

— No sábado, temos um jogo importante. Mamma e Caio devem ir. Tenho algumas entradas, você gostaria de assistir?

Linus não era muito interessado nesse tipo de esporte, mas não seria nada oportuna essa consideração no momento. Além do que, se a *mamma* iria ao jogo, este já assumia outra conotação. Responde de forma diplomática.

— Puxa, obrigado, Pietro. Tenho um compromisso para sábado, mas vou fazer o possível para trocá-lo. Manda um abraço para o Caio, qualquer hora combinaremos um agradável papo juntos. Estou organizando um jantar aqui em casa para daqui a alguns dias, vou convidar vocês três. Sua mãe está? Gostaria de conversar um pouco com ela. Antes que eu esqueça, Diva mandou um abraço a todos.

— Mamãe está, sim. Ela está chegando e eu estou saindo. Vou chamá-la. – Logo em seguida, passa o telefone para Flávia.

— Linus! Mas que prazer!

— Flávia! Puxa, estava com saudades. Que bom poder falar com você novamente – escutou um leve e simpático riso do outro lado da linha.

— Então, Linus, o que me conta?

— Comigo nada de novo, exceto a vontade de rever você.— Não costumo me expressar assim, mas admito que esteja sentindo o mesmo.

— Você vai ao jogo do Pietro no sábado?

— Com certeza! Você quer vir? Gosta de basquete?

— Quero, sim. Para ser franco, quero mais é um motivo para poder vê-la – deu uma risadinha – mas tenho certeza que vou me empolgar com o jogo e torcer muito.

— Neste caso, nos veremos no sábado. O jogo será à tarde, dezesseis horas. Poderia almoçar conosco.

— Estarei aí ao meio-dia. Mas podemos conversar um pouco agora, por telefone mesmo, ou você quer que eu ligue mais tarde?

— Não. Agora está ótimo. Não preciso dar atenção aos "meninos," eles já saíram e assim fica melhor para conversarmos à vontade.

— Quer falar da Terapia Regressiva? Ou prefere não comentar?

— Adoraria falar sobre isso. Sabe, Linus, a personagem Flávia Flamínia dos meus sonhos, eu revivi na regressão. Os detalhes da minha roupa e tudo mais, eu percebi. Foi fantástico. Você está interessado no assunto?

— Muito. Tenho três motivos.

— Três? Fico curiosa. Quais são eles?

— Primeiro, porque sou psicólogo e essa técnica me interessa. Segundo, porque estou estudando muito reencarnação e... – Flávia interrompe-o.

— Que boa notícia. Então, nós dois estamos estudando muito reencarnação. Que autor mais lhe agradou?

— Recomendo muito Léon Denis, em especial sua obra O Problema do Ser do Destino e da Dor.

— Diva já me havia recomendado, ainda não o li, mas está comprado, aguardando a vez. Já leu as obras de Kardec?

— Ainda não. Mas estão na fila.

— Eu só li o livro principal, *O Livro dos Espíritos*. Considero-o fundamental. A base para toda compreensão das questões espirituais. Não deixe de ler logo. Eu, se soubesse disso, já o teria lido antes. Continuando sobre as razões de você estar interessado na regressão, além de ser psicólogo e estar estudando a reencarnação, qual o terceiro motivo?

— Tudo a seu respeito me interessa muito. Confesso que, depois da última vez que a vi e de conversarmos, fiquei sempre com o pensamento voltado para você.

— Linus, o mesmo sucedeu comigo. No entanto, prefiro calma e cuidado, pois não vou fazer a segunda bobagem na minha vida. "Gata escaldada tem medo de água fria", diz o adágio popular, ando muito cautelosa com estas questões. Já passei por uma situação delicada há muitos anos. Precisamos nos conhecer bem, antes de ampliarmos ou aprofundarmos nossa relação. Concorda?

— Está bem, concordo.

Pensou, mas não verbalizou: "Já temos alguma idade, vamos envelhecer antes?" Preferiu silenciar e não espantar a ave rara.

— Vou te descrever a sessão de terapia regressiva, mas você esqueceu que estamos em telefonema interurbano?

— Estou investindo no meu futuro, não se preocupe.

— Seu bobo – riu de forma simpática.

Flávia descreveu não só a ultima sessão, mas também a anterior quando não fora efetuada a regressão, apenas a harmonização energética. Sentia-se inteiramente à vontade e confiante. Linus indagava sobre inúmeros pormenores. Estava extremamente interessado. Após um longo tempo de animada conversa resolveu indagar:

— Flávia, penso que eu entendi a razão da regressão. Fiquei muito feliz pelo que você obteve e obterá em função disso. Diga-me um detalhe simples que te marcou. Algo que não tem importância no tratamento ou na história, mas que te tocou.

— Sabe, Linus, nos meus sonhos desde o primeiro deles até o último, sempre olhava para meus pés e via as sandálias egípcias que meu pai me trouxera de presente. Na regressão, comecei me vendo dos pés para cima e iniciando pelas sandálias.

— Como eram elas?

— Tiras finas douradas ou de ouro não sei, mas com a maior parte dos pés nus. Lindas, com umas tiras no tornozelo.

— Imagino que você não tenha comentado com o Dr. Benini a correspondência dele com a figura do seu pai, não é?

— Naturalmente que não. Não creio que deveria tê-lo feito.

— E com Diva, o fato de ter sido Litera?

— Também ainda não, mas vou conversar com ela logo e falarei sobre isso. Afinal, a nossa situação é diferente e desvinculada da questão profissional, além de sermos como irmãs.

— Posso fazer outra pergunta, mais pessoal?

— Olha lá!

— Já pensou em quem seria Plinius?

— Já. Mas não quero falar sobre isso, por enquanto.

— Sobre Plinius, eu diria...

— Eu disse que não quero falar sobre isso, por favor.

— Está bem.

Conversaram mais alguns minutos, animadamente. Trocaram ideias, programaram a vinda de Linus para o almoço de sábado, detalharam pratos, e a escolha de um vinho saboroso. Despediram-se de maneira bastante afetuosa. Ambos, após desligarem o telefone, sentiram uma sensação de felicidade e bem-estar. Sensação decorrente de um fluxo vibratório que se mantinha em sentido mútuo. A troca energética fora estabelecida. Um fluxo de elevada frequência de onda, uma radiação brilhante e luminosa estabelecera-se entre os chakras cardíacos de Flávia e Linus.

34

O presente

LINUS SAÍRA CEDO PARA APROVEITAR bem o comércio. Pretendia ir à Rinascente, à Upim, à Benetton e às diversas lojas de bom padrão para se informar onde poderia adquirir o que pretendia. Antes, passou com seu Skoda na loja de acessórios para instalar um DVD. Afinal, novas motivações lhe moviam os pensamentos e, portanto, as atitudes.

Após se informar, descobriu o que desejava. Comprou, e satisfeito, guardou o pacote prateado, artisticamente elaborado e envolvido com bela fita de cetim verde brilhante. No dia seguinte seria sábado. Não cabia em si de contente e ansioso por chegar a hora de entregar o pacote à amiga. Na realidade, em sua imaginação, mais que uma amiga, a mulher dos seus sonhos.

Antes de viajar, resolveu aconselhar-se com Diva. Percebera que sua pretendida era alguém muito diferente de todos os relacionamentos que tivera antes. Não gostaria de cometer qualquer atitude precipitada que dificultasse ou prejudicasse a aproximação com Flávia. Telefonara para Diva e combinaram encontrar-se em uma Pizzaria próxima a Piazza del Duomo. Linus, como cavalheiro que era, chegara alguns minutos antes do combinado. Logo Diva aparece à porta. Encaminha-se para recebê-la, beija-a no rosto como o fazia desde sempre. Após sentarem-se e efetuarem os pedidos, Diva toma a iniciativa.

— Linus, pelo que percebi, você está muito interessado em Flávia, não é verdade?

— Sem dúvida. É algo que não sinto há muito tempo.

— Você sabe que eu e ela somos como irmãs. Portanto, se eu tiver que proteger alguém eu ficarei do lado dela. Certo?

— Não entendi bem o que quer dizer.

— Flávia sofreu muito com a separação.

— Ela ama o ex-marido?

— Não. Ela sofreu pelos filhos, pelo modelo de lar que almejava e foi destruído. Portanto não serei eu a propiciar qualquer outra aproximação que não tenha um final feliz.

— E o que seria um final feliz?

— Flávia é uma bela mulher. Não faltaram homens que a desejassem ou que pretendessem se envolver com ela. Ela nunca se envolveria com alguém se não fosse uma união estável e definitiva.

— Casamento?

— Sim. Ou algo equivalente. E você está preparado para isso?

— Qual a visão espiritista de casamento?

— Você tem tempo? Quanto a mim, estou disponível.

— Estou liberado, tenho tempo, sim.

— Neste caso, escute. Há uniões ou casamentos que foram programados na dimensão extrafísica, antes dos envolvidos renascerem, mas há outros casamentos que não o foram.

— Imaginei que todos os casamentos fossem programados previamente, na visão espiritista.

— Não. O livre-arbítrio das pessoas faz com que existam os casamentos acidentais, isto é, não programados. Decorrem da precipitação dos envolvidos; não havia o planejamento espiritual para esse tipo de união.

— Como fica, nessa situação, a programação deles?

— Há uma readaptação do programa reencarnatório de todos os envolvidos. A espiritualidade havia organizado um esquema, e nós, aqui na Terra, desorganizamos. Tudo que foi planejado passa a necessitar de nova programação. Os espíritos superiores reprogramam obrigados pela circunstância nova que criamos.

— E quanto aos demais tipos de casamento?

— A grande maioria dos casamentos é considerada provacional, naturalmente quando me refiro a casamentos provacionais, estendo a denominação "casamento" para as uniões estáveis em geral.

— São provas para o casal?

— Nesse tipo de união, já havia um prévio e mútuo relacionamento conflituoso. Na atual reencarnação, deveria ser aprimorado esse relacionamento. O reencontro, nesse caso, é uma tentativa de superação dos problemas de uma união anterior. Há, pois, choques que surgiriam, naturalmente, entre o casal. Dificuldades que são passíveis de resolução pelo amor. Muitos superam e desenvolvem uma união equilibrada. Alguns, no entanto, não se modificam, repetem as posturas das vidas passadas. Pelo livre-arbítrio de ambos ou de um deles, pode a situação tornar-se insustentável e insuportável.

— Foi o caso de Flávia?

— Com certeza. Uma chance de reajuste que o companheiro não soube aproveitar.

— E o seu caso especificamente? Sempre admirei a qualidade da sua união com George.

— No caso meu e de George, considero como uma união de almas reencarnadas que se amam. Embora não sejamos espíritos de alto grau de luminosidade, o matrimônio consolidou antigos laços de afeição. Estamos no grupo dos chamados casamentos afins.

— Quais os outros tipos de casamentos que existem, dentro dessa visão de planejamento reencarnatório?

— Há, ainda, os chamados casamentos sacrificiais e os transcendentais.

— No primeiro, um dos cônjuges está se sacrificando em prol do desenvolvimento do outro?

— Exatamente. Mas por opção prévia. Nos casamentos sacrificiais, distingue-se, com facilidade, um dos cônjuges como sendo um espírito superior que procura amparar e orientar o companheiro, impulsionando-o ao progresso. Um deles é uma pessoa muito especial.

— Já tive um paciente assim. Interessante. Continue, continue...

— Quanto aos casamentos transcendentais, diria que é o encontro entre dois espíritos evoluídos, reencarnados em nosso planeta. Observa-se que o casamento transcende aos objetivos meramente materiais. São casais que se amam e se unem em um trabalho elevado e útil a uma determinada comunidade, ou mesmo com alcance mais amplo. São, infelizmente, em pequeno percentual em nosso planeta.

— Puxa, Diva, que aula!

— Voltando ao assunto inicial, quais suas intenções com relação à Flávia?

— *Madonna mia!* Que proteção!

— Creio que isso seja secular. E então, que responde?

— Bem, na realidade, não havia cogitado nesse nível de relacionamento, por outro lado, seria uma ideia. Mudaria minha vida totalmente. Sim...

— O importante é que você tenha em mente que ela não aceitará algo de superfície, tipo uma aventura amorosa. Fique bem certo disso. Conheço-a bem.

— Certo, minha cunhadinha. Mas não se preocupe. Eu também devo considerar que já seja o momento de me estabilizar, ter uma vida familiar, um lar construído com alguém muito especial como Flávia.

— Nesse caso, conte comigo.

Conversaram durante mais alguns minutos sobre o pretenso namoro. Diva reforçou sua posição inicial, e ambos, rindo, despediram-se. Linus buscou seu carro no estacionamento e dirigiu-se para casa. O projeto seria amanhã cedo partir para Bardolino. Chegando ao seu apartamento, tomou uma decisão. Afinal, do que valeria dormir hoje em Milano e no dia seguinte viajar para O Lago di Garda, chegando em cima da hora do almoço?

Arrumou as malas, ajeitou carinhosamente o presente que comprara para Flávia, e rumou para a autoestrada. Seguiu pela A4. Dirigiu seu fiel escudeiro, o Skoda, pela *corsia* (pista) central mantendo a velocidade permitida de 130 quilômetros/hora. No caminho, deteve-se no autogrill para uma bela refeição, depois rumou para Bardolino, optando pela estrada S249. Após cerca de duas horas, já anoitecendo, chegara ao seu destino. Buscou o Hotel Kriss Internazionale, que se situava na avenida ao longo do lago.

Chegando ao Hotel, fez um rápido lanche, tomou nova ducha, deitou-se e dormiu. Sonhou que possuía um cavalo árabe e brincava de perseguir Flávia que fingia fugir. Ambos eram mais jovens e pareciam apaixonados.

No dia seguinte, acordou-se bem cedo com uma faixa de sol a iluminar sua cama. Em Bardolino, amanhecia. As primeiras réstias de luz solar já se infiltravam no quarto, através das belas cortinas. Ajeitou o travesseiro de penas de ganso. Observou que a fronha estava molhada pelo suor que havia vertido durante o sono. Percebeu que outras gotas escorriam pelo rosto descendo da testa, e afastou-as com os dedos. Ainda sonolento, buscou, pelo tato, encontrar o seu relógio. Não estava ali ao lado.

Desistiu de permanecer deitado. Sentou-se na cama, Abriu

bem os olhos, espreguiçou-se e falou sozinho:

— *Alea jacta est!* Estamos eu e o destino aqui em Bardolino. Riu-se da inadvertida rima.

Passou uma água no rosto, fez a barba, e, olhando o relógio, percebeu que era mais cedo que imaginara. Ingeriu um suco de laranja e decidiu fazer um longo passeio pela orla do lago. Vestiu-se adequadamente para a caminhada. Lembrou-se do quanto Flávia falara da beleza matinal do lugar.

Desceu, cumprimentado um jovem de cavanhaque que observava os pássaros a brincar na pérgula. Não havia notado, quando chegara à noite, como a entrada do hotel e o ambiente externo estavam tão enfeitados de flores. Rumou para a ampla calçada à beira d'água.

Observando que poucas pessoas percorriam a larga faixa de passeio, pensou consigo mesmo: "Talvez pelo horário". Admirou a quantidade de árvores que emolduravam a ampla calçada. Inúmeros bancos, artisticamente elaborados, imitando os abundantes seixos da praia, permitiam o desfrutar do magnífico visual que a natureza oferecia.

Seguiu pela belíssima calçada que contorna a via Lungolago Cipriano. Notou que o imenso chafariz, no centro do lago, estava ligado. A água se projetava a muitos metros de altura, proporcionando uma bela figura com seu deslocamento pelo vento. Deteve seu olhar nas embarcações no lago.

Recordou-se de Flávia, ao ver um magnífico casal de cisnes executando lindo vôo paralelo e rasante à superfície. Lembrou-se do que ela lhe havia dito: "Eles são monogâmicos". Sentiu-se identificado com o belo par de aves. Pensou em dar uma volta pelo centro histórico de Bardolino, na Piazza Príncipe Amadeo, mas desistiu. Nada como caminhar mirando o lago. O sol refletia-se na água, determinado um lindo brilho aos olhos de quem admirava a paisagem. Esteiras de minúsculas ondas formavam-se pelas ninhadas de patinhos que, em fila indiana, atropelavam-se atrás dos pais. Linus respirou fundo, procurando inalar a energia da natureza.

O ambiente, longe da atribulação de Milão, lhe proporcionava uma sensação de felicidade. Continuou a caminhada na direção oposta ao centro histórico. Respirava fundo e agradecia à Luz Maior do Universo por estar ali, quando, ao longe, divisa a suave figura de Flávia. Seria ela mesmo? Seu coração acelerou como se fora um adolescente.

Aos poucos, enquanto se aproximava, observou os detalhes: Flávia vestia um conjunto de agasalho, cor-de-rosa, com detalhes brancos. A parte superior, aberta, mostrava uma blusa branca que brilhava ao sol pelos enfeites de *strass* no peito, e estes proporcionavam um detalhe encantador. Calçava um tênis branco, com detalhes cor-de-rosa, o que fazia complemento perfeito com o conjunto. Os cabelos lisos, castanho-claros, presos em rabo de cavalo, balançavam ao caminhar. Parecia não usar pintura, ou era muito discreta. No rosto, belos óculos escuros, só não eram mais belos – pensou Linus – por esconderem maravilhosos olhos azuis.

Durante alguns minutos, direcionou seu olhar para aquela figura feminina observando-a caminhar. Pensou em chamá-la, acenando de longe, mas preferiu não perder o visual do deambular espontâneo de Flávia. Ao se aproximarem, chamou-a.

— Flávia!

— Não acredito! É você, Linus?

— Não pude conter a ansiedade, precisava vê-la mais cedo. Como você está linda!

— Você também. Especialmente aqui, caminhando no meu território.

Abraçaram-se. Foi um abraço afetuoso, verdadeiro, pleno de saudades e de identificação energética. Linus, após o longo abraço, segurou a mão de Flávia procurando mantê-la entre as suas. Ela desvencilhou-se, mas o fez delicadamente e sorrindo, como a dizer-lhe: Calma! Espera um pouco.

Caminharam, juntos, durante cerca de uma hora. Havia tempo de sobra para ambos, situação que Linus não estava habituado, pela vida agitada que levava na metrópole milanesa. Conversaram sobre o lago e a paisagem ao redor. Caminharam lentamente, de forma diversa a que Flávia fazia todas as manhãs, quando associava o prazer do visual à necessidade de um exercício para a saúde. Ambos sentiam-se bem, a conversa fluía agradável. Linus procurava olhá-la nos olhos enquanto falava.

— Quando caminhava para cá, o sol incidia nos seus olhos, agora que retornamos, poderia tirar os óculos escuros por um momento?

— Tirar meus óculos, por quê?

— Bem, em primeiro lugar, quero te dizer que eles são muito bonitos.

— São de Milano.

— Mais do que os óculos, seus olhos são lindos. Quando eu fixo meu olhar neles, eu sinto sua alma. Posso olhá-los?

Flávia sorriu. Sentia o quanto verdadeiro ele estava sendo. Com um movimento delicado, retirou seus óculos e prendeu-os à blusa.

— Pronto. Concordo que as conversas devem ser olhos nos olhos.

— Principalmente, por que vim a Bardolino para nos conhecermos mais profundamente.

— Linus, eu tenho pensado muito sobre nossa última conversa por telefone e na casa de Diva. Desejo, também, o mesmo que você. No entanto, não vou me expor a nenhuma aventura.

— Flávia, essa não é minha intenção. Não pretendo continuar

com minha vida do jeito que ela vinha se desenrolando, quero ter um lar.

— O que pensa do amor e da paixão?

— Vamos dividir? Você diz algo sobre o amor e eu sobre a paixão, certo?

— Está bem. Quem começa?

— As damas primeiro.

— Então, vou trazer algo de Pitágoras, 450 anos antes de Cristo, mais ou menos: "Purifica o teu coração antes de permitires que o amor entre nele, pois até o mel mais doce azeda num recipiente sujo".

— Tem certeza que essa frase é de Pitágoras?

— Sempre considerei que sim, mas poderemos confirmar.

— Não é muito romântica.

— Mas é realista. Além do que, purificar o coração é essencial, básico, para que o amor não feneça. E você, Linus, que me diz do amor?

— O amor é como as flores: quando ouvem o apelo da primavera, explodem em sua plenitude, e não há força capaz de fazê-las parar! Simplesmente florescem.

— Linus, adorei! Se eu fosse adolescente, ficaria apaixonada. Creio que essa frase tem mais a ver com paixão do que com o amor, mas, de qualquer modo, é muito bela.

— Quando eu caminhava para cá vi um casal de cisnes, lembrei-me que você se referiu a eles como exemplo de monogamia. Flávia, pretendo que você seja o meu cisne. Está disposta?

— E você que teria que tornar-se um cisne? Está pronto para isso? Além do que eu não tomaria qualquer decisão sem conversar com meus filhos. Continuemos caminhando.

"*Madonna mia!* Diva tinha mesmo razão", pensou Linus com seus botões, mas asseverou:

— Não sei que juízo faz de mim, mas, para um homem solteiro, sempre fui sério, muito acima da média das pessoas.

— O que significa sério? Em que sentido?

— Sempre fui fiel às minhas namoradas. Ou seja, comportava-me da mesma forma que pedia a elas para se comportarem. Diva conhece bem minha vida.

A menção de Diva foi certeira. Nada poderia dar maior confiança do que essa referência.

— Está bem. Perdoa-me se passei uma mensagem de não o considerar assim. Não darei mais margem a isso, certo?

Mantiveram animada conversação enquanto caminhavam. Aos poucos, ambos sentiam o quanto estavam próximos emocionalmente. Linus desejava, ardentemente, segurar a mão de Flávia, beijá-la, mas não pretendia ultrapassar os limites que, sutilmente, ela lhe mostrara. Aguardaria o momento certo. Despediram-se, para encontrarem-se dentro de uma hora. Preparariam, junto com Caio e Pietro, o almoço.

A refeição foi um sucesso. Não apenas do ponto de vista gastronômico, mas, sobretudo, pelo excelente entrosamento que se verificou entre todos. Linus adorou a torta de Mirtili, tradição da família de Flávia, que usava aquela fruta silvestre em ocasiões especiais. Após lavarem a louça, dirigiram-se de carro ao ginásio de esportes, situado alguns quilômetros da casa.

O jogo foi emocionante, Linus incorporou-se à torcida de Flávia e Caio, com entusiasmo. Após o jogo, exultava de felicidade ao perceber que os rapazes o aceitaram muito bem. Pietro esteve fantástico. Não foi apenas o cestinha da partida, sua participação chamou a atenção de todos que compareceram ao evento. Ao encerrar-se a partida, Caio seguiu viagem a Milão para encontrar-se com Isabella. Pietro despediu-se pretextando compromissos com os colegas. Linus aproveita o momento.

— Gostaria de convidá-la a jantar no restaurante do Hotel onde me hospedo.

— Aceito parcialmente.

— Isso significa...

— O jantar, sim, quanto ao local, prefiro sugerir outro restaurante que não seja o do hotel – Linus corou, ao perceber a falta de sutileza de sua parte e asseverou:

— Iremos onde você desejar.

Combinaram encontrar-se, horas mais tarde, em um belo local à beira do Lago di Garda. Como cabia a um cavalheiro, Linus chegara antes. Estava a imaginar como ela viria ao encontro marcado. Perfumara-se e vestira-se elegantemente. Sua intenção inicial era passar na casa de Flávia, apanhá-la e passarem a noite juntos. Não lograra seu intento, pois de forma clara e direta Flávia lhe havia dito para esperá-la no restaurante, pois viria e retornaria com o carro dela.

Tudo aquilo parecia novo e fantástico a Linus. Uma mulher que, além de fasciná-lo pela beleza física, parecia envolta em um véu de mistério, como surgida de uma época que não existia mais.

Acariciava o pacote de presente que trouxera. Estava ansioso por vê-la entrar no recinto. Súbito a vê: olha-a de baixo para cima. Sandálias negras de verniz, com tiras finas no pé e no alto do tornozelo. Trajava vestido verde-escuro, de corte belíssimo, colo discretamente à mostra ostentando um colar fino de onde pendia uma pedra verde que refletia a luz. Em uma das mãos, apenas um diamante solitário, na outra, meia-aliança de esmeraldas. Brincos compridos, cabelo solto, e um sorriso de tirar o fôlego. Abraçaram-se e beijaram-se no rosto.

O jantar, apesar de ter sido excelente, nem foi saboreado por Linus, que só tinha os sentidos voltados para quem estava à sua frente. Flávia, por sua vez, cada vez mais apreciava o gênero de conversa que Linus costumava trazer. Há tempo não desfrutava de companhia masculina que, realmente, despertava seu interesse.

Flávia emitia suas opiniões, mas mantinha-se atenta a todos os detalhes do que escutava. Procurava medir as considerações de Linus sobre os valores da vida. Encantava-se com a busca à espiritualidade e o crescente interesse de Linus em temas como reencarnação e mediunidade. Após a sobremesa, delicioso doce de Amarena, conversaram longamente. Depois de algum tempo, Linus propôs caminharem na orla do lago. Flávia comenta:

— Não se esqueça que estou de salto alto.

— É verdade. Poderia ser um passeio curto, só para aproveitarmos o luar. Gostaria?

— A lua está linda. Vou ao toalete e já retorno.

— Te espero naquele banco, no jardim da frente.

Quando ela se afastou, Linus aproveita para apanhar, na cadeira ao lado, o lindo pacote que escondera. Encerrou a conta e dirigiu-se ao jardim do restaurante. Percebeu que seu coração acelerava o ritmo e riu-se ao lembrar que esse fato não acontecia desde sua adolescência. Permaneceu ali, sentado, na expectativa do retorno de sua fonte de inspiração.

Ao retornar do toalete, Flávia divisou Linus sentado no jardim com um elegante pacote de presente. Por um momento, franziu a testa como se um ponto de interrogação se formasse no seu rosto. Caminhou suavemente e, sentando-se ao lado do seu pretendente, comentou:

— *Dio mio*, que lua maravilhosa!

— Adequada para a ocasião.

— Linus, sinto-me feliz por estarmos aqui e por sentir que temos muito em comum.

— Eu também. Poder te olhar e me envolver na sua energia é para mim uma felicidade muito grande.

— Vamos caminhar um pouco?

— Antes, quero te entregar algo para simbolizar a antiguidade do meu amor por você.

— Antiguidade?

— Sim, percebo que não é de hoje que nos conhecemos. Flávia, sinto-me como alguém que já te viu, há muito tempo, usando isto – e estendeu-lhe o lindo pacote prateado envolto com fita de cetim verde.

Flávia estendeu suas delicadas mãos de unhas róseas bem cuidadas, num gesto misto de surpresa e curiosidade, tomou o bem elaborado embrulho e pôs-se a abri-lo. Subitamente, ao deparar-se com um desenho imitando hieróglifos, manifestou expressão de espanto ao ler "Flor do Nilo". Continuou a abrir até surgir uma belíssima sandália de tiras douradas e finas com motivos egípcios. Não conteve um gritinho abafado. Permaneceu olhando em silêncio até que uma lágrima escorreu pelo rosto.

— Sim, você é Plinius. Agora eu sei!

Abraçaram-se ternamente e, entre lágrimas, beijaram-se.

35

Tertúlia científico-filosófica

Linus havia retornado a Milano, feliz por haver iniciado o namoro com Flávia. É verdade que não fora nos moldes de intimidade que desejara, mas, sem dúvida, ficara patente o mútuo interesse em firmarem compromisso mais sério.

Após o jantar, às margens do Lago di Garda, e da emocionante entrega do presente, adquirido na elegante Galeria Vittorio Emanuele, haviam se despedido e cada qual rumado para sua casa. Linus, na viagem de retorno, falava consigo mesmo.

— Em que século estamos? Não somos crianças, por que todo esse recato?

Lembrou-se de que ela, sutilmente, havia colocado algo como:

— Atualmente, as pessoas vivem experiências sexuais para, só depois, concluírem se amam ou não amam alguém. Jamais concordaria com isso. Considero ser a intimidade uma decorrência do amor entre duas pessoas. Ou seja, entendo que só se deveria estabelecer uma vida íntima com alguém quando já se definiu o amor e a decisão mútua de uma união estável.

Linus sorriu. Murmurou baixinho:

— Realmente, Flávia é uma mulher especial. Será que ela desejaria casar-se novamente?

Chegou exausto em casa. Cansado, mais no aspecto psíquico do que físico. Feliz, mas com o pensamento em ebulição. Poucos minutos após se acomodar, toca o telefone.

— Pronto!

— Linus, é Diva.

— Olá, cunhadinha! Tudo bem?

— Tudo bem. Estou ligando para fazer um convite.

— Não vai me perguntar como foi meu encontro com Flávia?

— Ela já me ligou. Conversamos bastante.

— Então, eu que pergunto: como fui?

— E eu não respondo. Ora, Linus, isso não faz o meu gênero. Não vai querer que eu fique nessa posição, vai?

— Puxa, Diva, compreenda, são coisas do coração.

— Bem, vou dar uma chance. Vocês estão vibrando na mesma energia e no mesmo sentimento. Faço votos que tudo caminhe bem. Vá, sempre, com calma. Qualquer deslize ético, adeus. Flávia, nunca mais. E é só.

— Será que ela pretende casar-se novamente?

— Isso você tem que perguntar a ela, não a mim. Mas, com certeza, vida de casada só depois de o amor desabrochar e de uma união estável. Mas vamos ao assunto que me fez te ligar.

— Certo. Um convite para...

— Uma tertúlia científico-filosófica.

— Tertúlia? Que interessante, como seria?

— Minha ideia seria convidar um grupo pequeno para uma conversa com o Dr. Benini. Ele se proporia a uma rodada de questionamentos sobre questões espiritistas. Faríamos um intervalo para um lanche bem gostoso e continuaríamos em nova rodada de perguntas.

— Ótimo. Estou ávido disso.

— Sábado próximo?

— Se puder não ser à noite, seria melhor. Gostaria de assistir ao jogo da Juventus com o Milan, na TV.

— Flávia virá.

— Ótimo! Nesse caso, após a Tertúlia, poderemos sair à noite. Jogo? Que jogo?

— Vou convidar apenas você, Flávia e filhos, além dos nossos queridos amigos, Regina e Massimo.

— Você já me falou nesse casal, são do Sentieri Dello Spirito, não é mesmo?

— Exatamente, esses mesmos. Faremos às três horas a reunião.

— Pietro também tem interesse nesses assuntos?

— Não muito, mas ele anda curioso ultimamente. Além disso, ele soube que o Dr. Benini vai trazer sua linda neta.

— Uma motivação extra.

— Sim. Então, até sábado às três horas.

— Sabe que você poderá ser minha cunhada duas vezes?

— Duas vezes?

— Claro. Flávia não é sua irmãzinha?

— É verdade. Da mesma forma como George era, e, ainda é, seu irmão espiritual. Já notou que você está meio bobo? Parece um adolescente. Aliás, ela também. Vocês estão engraçados. Tchau, Linus, um beijo.

— Tchau. Outro para você.

Sábado, encontraram-se todos na casa de Diva. Linus e Flávia, de mãos dadas todo o tempo. Caio e Isabella só falavam no seu futuro filho. Pietro observava a neta do Doutor Benini com admiração. Há tempo não via uma jovem que unisse elegância, modos finos e uma beleza rara. Cabelos negros, lisos, olhos verdes e expressivos. Vestia-se de forma discreta, e demonstrava um carinho excepcional para com o avô.

Após algumas apresentações, Diva dá por iniciada a reunião.

— Amigos: Estamos contentes por podermos desfrutar destes momentos tão significativos e proveitosos junto ao Doutor Benini. Como esclareci a todos, vamos lhes dar oportunidade que façam perguntas à vontade, desde que entendam que as respostas serão dadas em função dos conhecimentos da filosofia, da ética e da ciência espiritista. Passo a palavra ao nosso convidado.

Dr. Benini, sempre sorridente, porém com uma postura que induzia respeito, saúda a todos.

— É um prazer comparecer à casa de nossa colega de estudos. Temos certeza de que este encontro será proveitoso tanto para mim como para todos. Inicialmente, quero convidar, ou melhor, convocar Diva para também participar das respostas, enriquecendo com seus conhecimentos e, igualmente com seu bom senso, esta tertúlia que, além de ser científico-filosófica será fraterna e, pelo que percebi e senti de perfume, gastronômica.

Todos riram. Diva retoma a palavra.

— Considerando que Regina e Massimo não puderam comparecer, em virtude de compromissos no Sentieri Dello Spirito, eu aceito colaborar. Por sugestão do nosso convidado, quando alguém desejar fazer algum complemento de informação, poderá fazê-lo após as respostas. Vamos sortear o primeiro: Isabella!

— Puxa, que bom! Dr. Benini, há poucos dias, tive uma ameaça de aborto. Tudo foi resolvido e estamos felizes, mas como se explicariam os abortos espontâneos sob o ponto de vista espiritual?

— Querida Isabella! Sendo prático e objetivo, há abortos que são aparentemente espontâneos, mas, na realidade, são provocados pelo espírito que tem medo de renascer, em alguns casos, até pânico, conforme a situação que deverá enfrentar. Tal postura rompe, às vezes, as ligações energéticas do espírito com o feto. Outra causa também comum é a necessidade de harmonização dos chakras genésicos da mãe e do filho. Ambos têm essa região enferma, espiritualmente falando, e a gestação frustrada decorre disso. Na tentativa de reencarnar, há uma drenagem de energias que estavam em desequilíbrio. Tal fato ocorre para que ambos se curem e possam ter êxito em tentativa seguinte.

— Diva quer acrescentar algo?

— Apenas lembrar uma terceira situação de aborto aparentemente espontâneo, quando a mãe recusa psiquicamente a gestação de forma muito intensa, ou seja, detesta estar grávida e envia constantemente energias de baixa frequência, determinando o rompimento das ligações do espírito com o feto. Acontece então um aborto "espontâneo", mas, na realidade, provocado mentalmente pela mãe que não desejava a gravidez. Dr. Benini poderia continuar.

— Certo, Diva. Ainda com relação aos abortos não provocados, cumpre lembrar que há, no *Livro dos Espíritos*, de Kardec, questão 356, referência a embriões sem espírito ligados a eles, culminando essas gestações em abortos naturais. Quanto aos abortos provocados, nós e todos os amigos da espiritualidade somos contrários, considerando-se que a reencarnação inicia-se no momento da fecundação.

— Vamos à segunda questão: Flávia!

— O que o Dr. Benini tem a dizer sobre o uso de métodos anticoncepcionais e sobre a laqueadura de trompas? Se um dia eu me casar novamente, gostaria de ter uma visão espiritual dessa questão. Diva aproveitou para trocar um olhar significativo com Linus. O médico respondeu.

— Vamos dividir a pergunta de Flávia em duas partes: o bom senso nos leva a uma posição realista, sem perdermos a visão idealista. Nós, seres humanos, já conquistamos o direito da liberdade de decidir, evidentemente com a responsabilidade assumida pelo livre-arbítrio.

Nas informações que são colhidas, psicográfica ou psicofonicamente, os espíritos nos expõem sobre o nosso projeto de vida, desenvolvido antes de reencarnarmos. É verdade que os detalhes da vida serão, aqui na Terra, por nós construídos, mas o plano geral foi anteriormente traçado no plano espiritual. Dessa planificação básica, é comum constar o número de filhos. Se um casal deveria receber filhos na sua romagem reencarnatória e não o fez, ficará com a carga da responsabilidade a ser cumprida em outra oportunidade.

Evitar filhos determina a necessidade de um replanejamento espiritual. Esses espíritos podem obter "novos passaportes" surgindo como netos, filhos adotivos ou por outras vias de acesso elaboradas pela espiritualidade maior.

O trabalho construtivo, especialmente na área da maternidade e infância carentes, é indicado para a harmonização das energias genésicas e poderá compensar, pelo menos parcialmente, a dívida adiada.

Vejamos a questão da laqueadura das trompas. As considerações que serão feitas aqui são extensivas à situação correspondente ao organismo masculino, isto é, à vasectomia, que segue a mesma linha de raciocínio.

Há indicações médicas muito definidas e claras no que tange à ligadura de trompas. Somos favoráveis nas situações em que uma nova gestação ocasiona o risco de óbito à mulher.

Referimo-nos agora aos casos em que uma pseudossituação é criada consciente ou inconscientemente, tanto pelo profissional como pela mulher que, na realidade, procuram uma razão que justifique a decisão prévia.

As lesões ou mutilações aceitas por nós, ou ainda consentidas e estimuladas pelo cônjuge, podem trazer repercussões a médio e longo prazo. O corpo espiritual registra as alterações e, automaticamente, poderão ou não surgir consequências nesta ou em outras encarnações ligadas à esfera atingida.

Fragilidades orgânicas, predisposições às patologias e dificuldades na área da fertilidade poderão, veja bem, poderão, ser algumas situações a serem observadas naquelas que, em vidas passadas, optaram por essa intervenção cirúrgica. Importante, também, que cada caso seja por si só analisado, pesando-se os inúmeros fatores envolvidos.

O que importa é o tipo de energia que a mulher mobiliza mentalmente, ao decidir efetuar a laqueadura. Essa energia acaba impregnando o corpo espiritual. Há, por isso, situações em que quase nenhuma repercussão ocorre e, em outras, há intensas repercussões. Exemplificando: as circunstâncias de miserabilidade, patologias mentais e outras de naturezas diversas, em mães de prole numerosa, reduzem muito o efeito desarmonizador da ligadura de trompas. Qual for a decisão a ser tomada, o mais importante é que seja tomada com energias de muito amor.

— Vamos ao próximo sorteado: Linus!

— Gostaria de obter algum possível esclarecimento espiritual do Doutor Benini sobre a questão da sexualidade reprimida. Por exemplo, uma cliente que ama seu companheiro e sente desejo sexual, mas, apesar de manter relações com o parceiro, não consegue ser espontânea, a ponto de o parceiro terminar o relacionamento por conta disso.

— Linus, como você deve saber, a energia sexual não é proveniente do corpo. Não decorre apenas da produção de hormônios. A energia sexual provém da intimidade, da região mais profunda do nosso ser. Embora sua manifestação ocorra no corpo, provém da essência do nosso psiquismo, ou seja, do espírito. Todo espírito traz condicionamentos muito fortes na área sexual.

Além das vidas passadas, muitos condicionamentos foram adquiridos através de experiências repetidas, agora, nesta vida atual. Recebemos um bombardeio de informações durante nosso período no útero materno, na infância, adolescência e fase adulta.

Todos nós já passamos em vidas anteriores por situações complexas, delicadas, traumáticas e, naturalmente, outras tranquilas e prazerosas. Já tivemos, em vidas anteriores, paixões e amores, decepções e realizações. Tudo isso são arquivos que moram, habitam nosso inconsciente. Esses arquivos são energias, e, como tal, pulsam, têm movimento e emitem vibrações.

Essas vibrações, partindo de nosso íntimo, chegam até a superfície de nosso cérebro e em todo nosso corpo, gerando temores, incertezas, desconfianças e inseguranças. O sexo é divino. Bem utilizado, com amor, é uma energia que nos impulsiona ao progresso à felicidade, ao lar harmonioso e à realização.

A sexualidade e o sexo existem em todos os seres, sejam evoluídos ou maldosos, que o utilizam de diversas maneiras, podendo provocar muito sofrimento em outros. Quando passamos por situações dolorosas ou condicionamentos errados com relação ao sexo, podemos renascer com inibições ou dificuldades que, pela educação e convivência, podem ser ampliados ou reacendidos, mas também poderiam ser atenuados e corrigidos.

Reencontramo-nos, na vida atual, com quem necessitávamos reencontrar. É a oportunidade de se resolverem ou minorarem as dificuldades. Nós, no entanto, quando não nos esforçamos suficientemente para desenvolver nossas aptidões, não eliminamos os condicionamentos negativos. Não devemos atribuir isso aos espíritos ou ao destino.

O fato de ela não conseguir ser espontânea pode estar relacionado à educação, ao falso conceito de que qualquer ato entre duas pessoas que se amam possa ser pecado ou erro.

Tudo que não prejudique terceiros, que não envolva outras pessoas nem em pensamento, qualquer coisa que o casal imagine ou possa criar é válido. A falta de espontaneidade pode ter causas também na falta de habilidade do parceiro que não soube cativar, envolver e dialogar. Que ela não se sinta culpada. Seja feliz!

— Vamos, então, a uma nova pergunta. Vamos ver quem é: Caio!

— Dr. Benini, tenho colegas que passaram, ou ainda lutam, contra o transtorno alimentar da obesidade mórbida, outras contra a anorexia ou a bulimia, essas situações têm algo a ver com vidas passadas? Por que acontece? Que tratamentos espirituais o senhor sugere?

— Puxa, Caio, você está colocando várias perguntas dentro de uma só. Todos riram, e o médico continuou. Nosso psiquismo formou-se em milhões de anos. Como dizem os espíritos, nossa história vem desde o átomo e irá até o arcanjo.

A obesidade mórbida e as outras situações mencionadas pelo Caio estão espelhando, nesta encarnação, um desajuste nas estruturas mais profundas dos corpos energéticos dessas pessoas. Esse desajuste é drenado, exteriorizado, para o organismo biológico. Essa exteriorização nada tem a ver com punição, mas é uma consequência natural. Deve ser tratada, corrigida e orientada como qualquer outro problema.

Todas as nossas preferências, peculiaridades de comportamento e dificuldades se construíram nas experiências desta vida e das inúmeras vidas anteriores. E isso também serve para outras dificuldades orgânicas expressivas com as quais, hoje, nos defrontamos.

Vivemos inúmeras situações desde a gravidez, infância e adolescência que acabam potencializando qualidades, ou características que já trazemos de vidas pregressas. Nosso inconsciente ou espírito registra fatos vivenciados conforme a sensibilidade pessoal, isto é, para cada um existe uma forma peculiar de reagir. Os registros desses fatos determinam posturas mais ou menos equilibradas diante de tudo com que nos deparamos na vida. Na existência atual, há fatores desencadeantes ou gatilhos que disparam os arquivos ainda não resolvidos.

A obesidade mórbida, por exemplo, decorre de uma fragilidade do corpo astral, ou seja, do perispírito, que, por uma série de diferentes causas, como inúmeras orgias alimentares, gerou um desequilíbrio no metabolismo astral. Esse desequilíbrio determina, na moldagem de um novo corpo, pelo comando da genética astral sobre a genética física, a formação de um organismo com essa tendência, isto é, a proliferação, em excesso, do tecido adiposo.

Recomenda-se buscar um psicólogo ou médico e tratamento espiritual na casa espírita. Lembramos, finalmente, que a mudança do padrão de pensamento ocasiona nova e constante reorganização do corpo astral. A alegria, a felicidade e o otimismo determinam a cura nas causas mais profundas, quer dizer, curam a alma. Diva, quer acrescentar algo?

— Diante do exposto, só tenho que ouvir. Vamos sortear o autor da próxima pergunta: Pietro!

O rapaz fez um gesto de acanhamento, mas asseverou:

— Sou pouco conhecedor do tema, mas há algo que posso perguntar: qual a visão espiritista do destino? Existe carma? Já estaria o nosso destino traçado?

Dr. Benini procurou deixar o rapaz à vontade valorizando sua questão.

— Considero muito pertinente essa questão. O destino se constrói a cada momento de nossa existência. Se for verdade que hoje navegamos pelo rio da vida com a canoa que construímos com os golpes do machado de nossos próprios atos, também é verdade que nos cabe remar no sentido que desejamos e sujeitando-nos a avançar lenta ou velozmente no rumo a ser alcançado.

A cada instante, reforçamos os mantimentos de nossa bagagem pelo apoio de corações amigos que promovem amparo fraternal. Nosso livre-arbítrio nos permite, a todo o momento, jogar para fora do barco o lastro excessivo das pedras da culpa que imaturamente juntamos no decorrer de nossa jornada.

O esforço próprio para vencer a correnteza das adversidades da existência leva-nos a escolher as vias de águas menos caudalosas, embora de percurso mais longo, sem as surpresas dos rochedos ocultos que desafiam nossa visão limitada. O equipamento de bordo é fruto das nossas possibilidades, entretanto, a direção do barco da vida depende de nós.

Não há carma estático. A ideia de que o destino já está indelevelmente traçado existe nas estreitas mentes que se espremem no desfiladeiro limitado pelas muralhas pétreas da rigidez de percepção. O carma é dinâmico e sofre modificação a cada pensamento nosso. Quando pensamos, ocorre movimentação de energias, emissão de ondas e criação de situações atenuantes ou agravantes dos problemas.

É verdade que somos peixes livres no aquário da vida. No entanto, estamos limitados às quatro paredes envidraçadas que correspondem aos pontos cardeais de nossa dimensão física; livres apenas no espaço dimensional que conhecemos, porém mergulhados em outros espaços que não percebemos.

Na trajetória da vida, os atos construtivos e amorosos, além de conquistar a simpatia e o amparo ao nosso redor, geram vórtices energéticos superiores em nossa estrutura espiritual. A presença dessas energias sutis suaviza, acentuadamente, nossas desarmonias energéticas, bem como reduz nossas tendências a determinadas situações de desequilíbrio e sofrimento.

No trânsito pelo campo da vida, podemos, a cada momento, espargir as sementes do amor que celeremente desabrocham nas flores perfumadas do companheirismo, em criaturas que amadurecem como frutos saborosos da solidariedade humana.

O carma, ou o destino, meu caro Pietro, devem ser compreendidos sempre como uma tendência a determinadas situações decorrentes de nossa natureza psíquica, a qual foi elaborada nas múltiplas existências. Nada impede que lutemos contra elas, ao contrário, mentores espirituais nos amparam constantemente infundindo força para vencermos, evitando, muitas vezes, sofrimentos desnecessários.

— Obrigado, doutor Benini, adorei sua explicação sobre o destino – comentou Pietro.

— Vamos ao próximo: Anna Maria! A querida e bela neta do nosso convidado. – Diva endereçou um discreto olhar na direção de Pietro.

— *Nonno*, querido! Podes me dizer algo sobre o esquecimento das vidas passadas? Alguns dizem: "É injusto sofrer devido a um passado do qual não se tem recordação".

— Anna, minha neta, muitos de nós que nos dedicamos ao estudo e à pesquisa da pluralidade das existências já tivemos inúmeras oportunidades de ouvir essa ponderação.

O fato de não termos presente, em nossa memória atual, os atos equivocados das encarnações pretéritas faz com que, para alguns, torne-se incompreensível e aparentemente injusto sofrer a consequência de algo que não podem recordar.

Do ponto de vista da argumentação filosófica, somos informados, pelas mensagens psicografadas, sobre a razão do esquecimento do passado. Esclarecem-nos os amigos que já retornaram ao plano espiritual acerca da dificuldade que seria convivermos, às vezes sob o mesmo teto, com nossos algozes ou vítimas de outras romagens terrenas, caso tivéssemos nitidamente na consciência as lembranças do pretérito traumático.

Sabemos que os lares são ninhos apropriados para desabrochar os melhores sentimentos revestidos da mais pura autenticidade. Nos filhos que hoje acalentamos no colo, comovidos pela ternura de sua vestidura infantil, podem estar espíritos de difícil convivência em encarnações anteriores.

Retornam a nós atraídos pelo magnetismo da mútua e desastrosa experiência que nos uniu em estâncias do passado vivido em comum. Uma das formas de se transmutar a natureza problemática do vínculo existente, pois não há como romper ligações energéticas que se atraíram pelo desequilíbrio comum, é manter o intercâmbio vibratório, fazendo-os renascer no mesmo lar.

Os antagonismos são assim suavizados pela anestesia temporária do esquecimento, e os vínculos familiares abrem a porta da esperança na reconciliação.

O apagamento das lembranças de vidas anteriores é, portanto, uma necessidade que visa facilitar a superação de difíceis provas. Na realidade, não nos esquecemos totalmente, mas é apenas colocado um véu parcial que nos protege das recordações mais penosas. Apesar desse mecanismo protetor do nosso psiquismo, intuitivamente podemos ter a percepção de nossas tendências inatas, as quais são "frutos" das nossas experiências do passado, cujo "aroma" extravasa para a periferia do nosso consciente atual.

Cumpre ainda lembrar que, pelo mecanismo da hipnose ou técnicas análogas, podem ser acessados dados das vidas pretéritas. Além de documentar a reencarnação, esses dados podem ser utilizados terapeuticamente, como na Terapia Regressiva.

Ressalva-se, no entanto, que a remoção precipitada ou inadequadamente orientada do véu do esquecimento, feita por motivos ingênuos ou fúteis, poderá trazer à tona da consciência lembranças perturbadoras naqueles que se aventuram nos terrenos pantanosos da curiosidade.

O esquecimento do passado, longe de ser uma injustiça, é um sábio mecanismo da natureza e visa nos proteger de nossa própria imperfeição. Tanto quanto possível, respeitêmo-lo.

— Como Regina e Massimo não puderam comparecer, a próxima pergunta é a minha. Dr. Benini, tenho lido muito sobre espíritos ovóides, poderia nos dizer algo sobre eles?

— Antes de tudo, convém afirmar que os ovóides existem, naturalmente, dependendo do que vocês estão imaginando. São espíritos que se apresentam, ou são vistos, de forma esférica ou aproximadamente elíptica, de coloração plúmbea ou cinza-escuro. Eles são vistos por muitos médiuns e descritos por espíritos orientadores como André Luiz. Na realidade, é o corpo espiritual deles que se acha deformado assumindo essa morfologia.

A grande questão é: como se tornaram assim? Sabemos serem espíritos humanos que, pela manutenção de uma ideia fixa e doentia, isto é, monoideísmo, acabam estabelecendo uma vibração de baixa frequência e comprimento de onda longo, que, com o passar dos anos, produz uma deformação progressiva no seu perispírito. Daí vem, logicamente, a questão:

Que tipo de ideia fixa e doentia modificou o corpo astral?

O ódio e a vingança, principalmente, deformam o perispírito.

Trata-se de um monoideísmo que é auto-hipnotizante. Ele vibra de forma contínua e constante, de maneira desequilibrada, gerando uma energia que gira sempre de maneira igual e repetida, pelo contínuo pensamento desequilibrado. Ao vibrar repetidamente na mesma frequência, e em desequilíbrio com a Lei Cósmica Universal, gera esse circuito arredondado que vai deformando-o e tornando-o ovóide.

Este processo chama-se ovoidização do corpo espiritual.

— Diva, algo mais? Pessoal, depois do nosso lanche, que aliás está com um cheirinho maravilhoso, todos poderão continuar questionando. De acordo?

— De acordo – disseram todos, e Diva continuou. – Afinal, como se explicaria, cientificamente, o corpo astral, ou perispírito, sofrer esse processo?

— Como você muito bem sabe e ensina nos cursos, Diva, o perispírito ou corpo astral é composto de moléculas, tal como o nosso corpo físico. Por analogia, imaginemos as moléculas do corpo astral como as moléculas dos gases: são maleáveis e se modificam ao sabor da pressão, da temperatura e até do recipiente que contém o gás. As moléculas do perispírito, moldáveis pelo pensamento e pelo sentimento, tomam formas de acordo com a vibração do espírito. Assim, se tornam brilhantes, opacas, densas ou leves.

— Sim, e por isso os espíritos adiantados têm o corpo espiritual mais leve; e os mais atrasados são mais densos. O aspecto desagradável que observamos no corpo espiritual dos obsessores são reflexos de seus pensamentos.

— Exatamente!

— Daí, poderemos inferir que os espíritos ovóides só serão recuperados à forma humana normal quando mudarem sua vibração ou pensamento, não é verdade, Dr. Benini?

— Sim! Mas muitos são tão persistentes no monoideísmo auto-hipnotizante que só recuperarão a forma humana reencarnando. E isso é o que mais frequentemente ocorre.

— Bem, nós sabemos que muitos não "desgrudam" do obsediado nem por nada. Mantém a energia de ódio e vingança.

— O que determina sejam encaminhados para reencarnação compulsória, na primeira oportunidade.

— Pessoal! Está na hora do lanche.

36

Sílvia

Diva surpreendera-se ao ler a mensagem psicografada por uma estudante do curso de mediunidade. Tratava-se de uma mensagem dirigida a Flávia. A jovem aluna, apesar de se dedicar com afinco aos estudos, ainda era inexperiente nessa atividade. Tudo se passara de maneira inesperada, porém dentro da maior organização em um grupo espiritista dedicado às atividades mediúnicas e voltado ao auxílio desinteressado ao próximo.

Após os 60 minutos iniciais de teoria – rotina em um curso de três anos, com aulas semanais de duas horas – fora colocado um CD de música de relaxamento, adequado para a preparação do ambiente que antecede ao exercício da mediunidade dos alunos em processo de educação e desenvolvimento.

Diva coordenava a concentração. Reduziu a luminosidade da sala, deixando acesa pequena lâmpada azulada. Dirigiu a prece de harmonização, necessária para o preparo energético à fase das comunicações mediúnicas, psicográficas ou psicofônicas.

— Procuremos, neste momento, relaxar nossa musculatura, sentar de maneira confortável, respirar lenta e profundamente. Mentalizemos uma luz branca, suave, porém intensa. Imaginemos esta luz como uma energia que provém do extrafísico, vinda de dimensões espirituais superiores. Vamos sentir esta energia nos envolvendo, trazendo uma profunda sensação de bem-estar. Em um diamante translúcido, criado ideoplasticamente, no alto desta sala, esta luz incide e se subdivide em muitas cores. A energia branca, atravessando esse diamante, difunde-se neste ambiente em várias cores. Cada cor é uma frequência de energia que nos envolve com ondas provindas da espiritualidade superior. Vamos sentir essas energias sendo absorvidas pelos nossos chakras coronários e se distribuindo por todos os nossos corpos energéticos.

Diva continua:

— Sentimos neste instante uma energia verde, clara e brilhante que nos dá sensação de higienização e saúde. Pensemos no verde das matas e dos bosques. Imaginemos agora, saindo deste diamante, uma luz azul que nos transmite sensação de paz e de harmonia. Imaginemos como se nos integrássemos ao azul do céu. Agora, vamos perceber uma energia dourada, como raios de sol, transfundindo vitalidade aos nossos corpos energéticos. Respiremos fundo. Inalemos essas frequências de energia provindas dos planos superiores. Vamos sentir, também, uma energia rosa, como se pétalas de flores estivessem caindo sobre nós.

Neste momento, vamos abrir nossos corações, nossos sentimentos, construindo em torno de nós um círculo de luz e de amor que nos facilitará o contato com nossos amigos espirituais. Coloquemo-nos de forma receptiva, porém sintonizados na faixa do bem e da luz. Permaneçamos conscientes de que estamos com nossas mentes ligadas ao Amor Universal, a Deus, com o propósito de estabelecer contato com entidades que labutem no campo da paz e da solidariedade humana.

A música de fundo completava a harmonia do ambiente. A luz, azul-clara, era a única luminosidade na sala. Súbito, a mais jovem das alunas tomou o lápis e a prancheta previamente preparada para o curso, e começou a escrever com velocidade.

Amada filha Flávia,

Venho aqui manifestar meu carinho e meu amor de mãe. Estivemos juntas, em diversas vidas, convivendo em família. Há dois mil anos, encontrávamo-nos em Roma. Foram momentos em que o orgulho e a superficialidade não me permitiam enxergar os verdadeiros valores da vida. Naquela época, eu te fiz sofrer e o retorno daquelas energias até recentemente me faziam sentir a dor do arrependimento.

A Sabedoria Universal nos propiciou inúmeras oportunidades de reencontros, em vidas sucessivas, para que nos perdoássemos e nos amássemos. Recentemente, em desdobramento astral, nos encontramos e anunciei que breve terias uma forte experiência relacionada à nossa vivência em comum, na Roma de Augusto.

Fico feliz por saber da tua libertação, libertação de um temor que aprofundava raízes no inconsciente. Mais uma vez peço perdão e reforço minha atitude de amor a ti.

Teu caminho está aberto, tua atitude tem sido pautada na senda do amor e do labor. Não me é permitido mencionar detalhes, mas tua intuição já percebe que os fatos estão se desenrolando no rumo certo. Continue a estudar a vida espiritual, a amar e orientar os que estão no teu caminho.

Com todo carinho,

Sílvia

(A médium anotou data e local)

37

George

Diva lera a comunicação psicográfica endereçada a Flávia, com muita emoção. Estava feliz pela sua querida irmã de coração, ela merecera aquela informação da espiritualidade. Compreendera, também, porque esse fato ocorrera. Além de Flávia, o espírito Sílvia já estava preparado para aquela comunicação. Pensava com seus botões: "Ah! Outro detalhe importante fora a existência de médium insuspeito; a jovem nem conhecia Flávia e muito menos sabia quem fora Sílvia. Uma mensagem com todos os requisitos desejáveis para ser chancelada com o rótulo de autenticidade".

Logo após a reunião, telefona para a amiga. Após alguns minutos, Flávia atende ao chamado.

— Pronto!

— Olá, maninha!

— Diva! Que bom receber teu telefonema.

— Tenho uma notícia para te dar.

— Notícias podem ser boas ou não.

— Uma mensagem psicografada que foi recebida – a amiga a interrompe.

— Posso adivinhar, de George!

— Bem que gostaria, mas não chegou o momento ainda. Seria o maior presente que ele poderia me dar.

— Você me ensinou que tudo vem no tempo certo.

— Sim. Eu esperarei. Mas, voltando à mensagem, foi destinada a ti, minha querida.

— Para mim? E está assinada? *Dio mio!* É a primeira vez que tenho uma experiência nesse sentido.

— É de Sílvia.

Flávia sentiu um leve arrepio. A desagradável experiência do aborto vivenciada com a participação de Sílvia fora muito forte. Procurou afastar as imagens que lhe vieram à mente, substituindo-as pelo agradável contato que tivera com a mesma Sílvia no desdobramento astral vivenciado em Bardolino. Fizeram-se alguns segundos de silêncio na linha telefônica.

— Flávia, tudo bem?

— Sim, tudo bem. Fiquei um pouco tensa, mas já passou.

— Quer que eu a leia, ou passe por fax?

— Leia, por favor, e depois passe por fax.

Diva leu, pausadamente, a página psicografada pela jovem aluna do curso de mediunidade. Procurou dar a inflexão de voz adequada, mas sem exageros. Ao final da leitura, acrescentou:

A moça que recebeu a psicografia nunca escutou seu nome e não tem a menor ideia de quem seja o espírito Sílvia. Se precisar de um aval à autenticidade dessa mensagem, minha querida, eu posso dá-lo.

— Fico muito emocionada e feliz. Quanto à veracidade, não tenho dúvidas, detalhes como a referência ao nosso encontro em projeção astral foram impressionantes.

— Mas o que importa, sem dúvida, é o conteúdo e o amor transmitidos pelo Espírito.

— Diva, vou reler com cuidado e procurar extrair todo o

conteúdo e ensinamento que puder.

— Tchau, querida! Parabéns! Dê-me o sinal de fax.

Após enviar o fax, Diva elevou seu pensamento ao alto e fez sentida prece de agradecimento. Após a oração, pensou alguns momentos em George. A saudade era imensa, mas procurava não enviar ondas de tristeza para o ente querido que, provavelmente, estaria em processo de adaptação no mundo extrafísico. Não restava dúvida que desejava ter notícias.

Era-lhe muito claro, de acordo com a filosofia espiritista, não ser recomendada a evocação de George, mas aguardar a permissão dos espíritos de luz para que ocorresse espontaneamente alguma comunicação. Intuitivamente, sentia estar próxima a data em que alguma informação chegaria.

Na semana seguinte, no mesmo horário, após encerrarem-se os estudos sobre mediunidade e ter sido efetuada a preparação energética do ambiente, um dos alunos que possuía significativa vidência pede a palavra.

— Dona Diva, eu estou percebendo um facho de luz intenso sobre a região do ombro direito da Adriana, médium psicógrafa.

— Lembro a todos que é a região correspondente ao chakra umeral, relacionado à psicografia inconsciente. Se ela fosse uma psicógrafa do tipo consciente, essa energia seria direcionada ao alto da cabeça, isto é, ao chakra coronário. – Dirigiu-se à aluna médium:

— Adriana mantenha-se concentrada e receptiva. Os demais vibrem no amor.

Uma agradável luz azul banhava o ambiente. Suave música de fundo transmitia, a todos os presentes, sensação de leveza e bem-estar. Uma atmosfera de confiança e respeito se fazia sentir na sala. Alguns minutos depois, a jovem toma da prancheta e do lápis e passa a escrever com velocidade.

Amada Lua!

Assim me dirijo a ti, querida Lua, para que você possa me identificar e ter certeza de quem te escreve. Estou profundamente emocionado, radiante de felicidade pela oportunidade de estar neste instante com você. Logo que retornei à pátria espiritual, tive alguns momentos iniciais difíceis, mas logo me adaptei. Agradeço as oportunidades que tive, quando na Terra, de conhecer e estudar o mundo espiritual; isto me foi muito útil para compreender tudo que se passou. Gostaria de expressar, por esta mensagem, todo o meu amor por você e a minha saudade, mas, acima de tudo, minha admiração e alegria pelo modo como manteve seu pensamento e seu sentimento os mais equilibrados possíveis, em face da dor que te colheu de surpresa. Há milênios somos afins. Você foi Litera, quando em outros tempos te conheci. Diga à querida estrelinha, como sempre a chamei, que será agraciada com um belíssimo presente. Hoje ela fez ecografia e, quando lhe mostrar esta mensagem, ela já saberá o sexo do bebê; é uma menina que está reencarnando. Nossa amiga Sílvia, que tanto me auxiliou na nova morada, está na equipe que protege e orienta a reencarnação desse espírito doce, meigo e inteligente. Não temos permissão para informar a identidade desse bebê. Não preciso dizer o quanto é importante perseverar no que você faz, pois sabe melhor do que eu. Quando me for permitido, estarei com você e com nossa estrelinha. Amo todos vocês. Beijos à Ina e ao meu irmão de coração. Muita paz para todos. Para você não ter dúvida que realmente sou eu:

Viking

Após psicografar, a jovem Adriana voltou-se para a coordenadora:

— Dona Diva, recebi uma mensagem, mas não sei para quem é, devo lê-la?

— Não é pessoal, para alguém do grupo?

— Não sei. Não entendi bem.

— Certo. Leia-a, então.

À medida que a jovem lia, Diva emocionava-se. Percebeu, claramente, inúmeros detalhes de sua vida pessoal mencionados por George. Lágrimas escorreram de ambos os olhos. Lágrimas serenas de felicidade. Ao concluir a leitura, a médium indagou:

— É alguém conhecido da senhora?

— Sim, é meu marido George. Minhas lágrimas são de alegria. Apesar da intensa emoção que sinto neste momento, como estamos no curso, vou aproveitar para declarar a todos os pontos que comprovam a verdade dessa mensagem. Vou enumerá-los: Lua era meu carinhoso e íntimo apelido. Ele dizia que só eu era capaz de iluminar as noites. Litera foi meu nome em uma distante encarnação. Ina é o apelido de minha irmãzinha, Flávia. O irmão de coração é o namorado de Flávia. Viking, era como eu chamava meu marido, em certas ocasiões. Estrelinha é o apelido que só ele dava a Isabella, nossa filha. Realmente, hoje ela fez ecografia. Quanto ao sexo feminino do bebê de Isabella, só vou confirmar quando estiver em casa. Há outros detalhes, mas os principais foram os mencionados.

Hoje encerraremos a reunião mais cedo. Vamos fazer uma prece.

38

O casamento

O excelente currículo escolar de Caio lhe granjeara a possibilidade de transferir-se para a Universidade de Milão. Antes de mudar-se, cumpriria o período final das disciplinas em curso e, após alguns meses, estaria frequentando a faculdade na cidade de sua amada, Isabella.

Diva e Flávia, juntamente com Linus, organizavam os preparativos para o casamento dos filhos. Apesar de George haver efetuado um valiosíssimo seguro de vida, em nome da esposa e filha, ambas mantinham o mesmo padrão de vida e não modificaram, significativamente, seus hábitos e costumes. Apenas, programaram algumas viagens, ainda não executadas.

Diva sempre criticara George pelo exagero do gasto mensal em seguros de vida, mas, agora, se sentia tranquila quanto ao futuro material da filha. Uma das poucas discussões mais acaloradas entre o casal ocorrera quando George, ao chegar a casa, apresentara outra apólice de seguro, de valor altíssimo, tendo como única beneficiária a filha Isabella, essa agora pela morte da mãe. Diva, sorrindo, lembrava-se como falara com o marido.

— Que horror, George! Você quer uma filha rica e sem pais? Já não basta o seguro pela sua morte? – Para isto aqui – disse plantando o dedo no papel – assinei aquela procuração?

Ao que ele respondera:

— Diva, eu quero todos nós juntos, bem vivos, e, acima de tudo, que nunca alguém venha a precisar receber esses seguros. Eu os fiz na esperança de nunca terem utilidade. Além disso, bastaria que um de nós desencarnasse para nossa filha ficar financeiramente protegida.

— Já pensou se nós dois falecêssemos? O exagero que Isabella receberia?

— Ela tem a cabeça no lugar. Depois, morrer logo e os dois ao mesmo tempo, é pouco provável que aconteça. Vamos mudar de assunto?

— Ok. Depois de você já ter feito o que fez. Não adianta discutir mesmo. Refiro-me ao fato de não haver me consultado previamente, realmente, isso me aborreceu. – Diva sorriu, ao recordar-se como fora prazeroso quando fizeram, posteriormente, as pazes.

Enquanto arrumava os livros na biblioteca, pensava o quanto sua residência era grande, e como seria bom ver o andar de baixo totalmente ocupado por Caio e Isabella. Por um momento, imaginou que George deveria estar feliz pela união dos jovens e, depois do casamento, tê-los ali em sua casa. Antes de tudo, Diva deixaria claro à filha que, apesar de se colocar à disposição como mãe e amiga, ela jamais interferiria na vida do casal. Providenciara até uma pequena reforma estrutural na residência, visando maior independência a todos.

A proposta de Isabella era uma festa simples, porém elegante, e destinada a um restrito número de convidados. A ideia fora acolhida com muito entusiasmo por Diva. Detestava ter que convidar pessoas não muito próximas, preferia estar só com aqueles que participavam, realmente, da felicidade dos noivos.

A constante atividade de todos fez com que os dias passassem tão rapidamente que a véspera das núpcias logo bateu à porta dos noivos.

Isabella valorizava o significado espiritual do casamento tanto quanto Caio, mas ambos dispensaram a presença do sacerdote por não se submeterem às exigências da Igreja nem acreditarem ser o padre um representante credenciado por Deus para uni-los. Em vez do cerimonial religioso, fariam uma reunião espiritual familiar, extensiva a poucos amigos íntimos, sexta-feira, véspera das núpcias.

A festa seria sábado, no dia do casamento civil. Após pesquisarem muito, escolheram um agradável clube campestre para a cerimônia. Dr. Benini fora convidado para proferir uma saudação aos noivos e falar sobre o significado transcendental do evento. O médico, cada vez mais amigo da família, fizera questão de esclarecer que sua elocução nada teria a ver com sacramento ou ritual religioso, mas seria um prazer manifestar-se.

Tudo transcorreu na maior harmonia. Diva programara a reunião de sexta-feira e o tema seria a afetividade. A proposta consistia em familiares e amigos íntimos demonstrarem todo o carinho com que recebiam a união daquelas almas.

E assim aconteceu. Com a mais legítima efusão de sentimentos, cada membro da família pode se manifestar sobre o seu particular convívio com Isabella ou Caio. Alguns narrando lances pitorescos da infância, momentos relevantes da vida de um deles, ou suas lutas e conquistas. Diva, com emoção e serenidade, lembrou que George estaria ali, no recesso mais íntimo daquele lar, acompanhando aquele momento sublime. Declarou ser uma mãe realizada, pois sua filha era motivo de orgulho e sentia também que Caio era a pessoa certa para ela.

As duas famílias e os principais amigos expressaram com poesias pequenos trechos previamente escritos, ou mesmo com palavras espontâneas, o quanto desejavam de felicidade ao casal. Pietro, sempre tido como pouco sensível, não conteve a emoção ao relatar quanto Caio fora e ainda era importante para ele, como irmão.

Flávia trouxe fotos de diversas fases da vida de Caio e, ora brincando, ora séria, fez um agradável resumo da personalidade do filho. Depois, dirigindo-se a Isabella, manifestou a ela toda a sua confiança, além da alegria em tê-la como sobrinha e, agora, como nova filha.

Linus foi breve, mas trouxe palavras de exortação à união e estímulo mútuo nas adversidades da vida. Dr. Benini afirmou já conhecer todo aquele grupo em épocas remotas. Pela primeira vez, mencionou que sua filha de vidas anteriores o reencontrara, presenteando-o com a oportunidade de rever muitos dos presentes. Ao ouvir isso, Flávia chorou de alegria, ao perceber que o médico dissera aquilo fitando-a.

Após a manifestação de quase todos os presentes, Isabella e Caio agradeceram e fizeram uma saudação à filha que esperavam. O casal falou do amor mútuo e do profundo sentimento que os ligava à criança no ventre materno. Diva encerrou a reunião com uma belíssima e espontânea prece. Depois, convidou os presentes a se servirem de um leve coquetel. Após algumas horas de agradável conversa, despediram-se todos para se reencontrarem no dia seguinte.

39

A cerimônia

Enfim, chegara o sábado. O clube campestre estava maravilhoso. A ornamentação florida complementava a beleza natural do ambiente. Pássaros de diversos tipos cruzavam o clube em todas as direções. O céu abria-se em generoso azul e o sol iluminava o ambiente. Uma tarde agradável acolhia a todos com o perfume que brotava suave dos jardins. Os poucos convidados acomodavam-se nas mesas dispersas sobre a grama e cobertas por tendas brancas enfeitadas, interna e externamente, com muitas flores.

Isabella estava linda. Trajava um vestido longo, de cor pêssego, com flores em alto relevo na frente e um grande laço de fita atrás. Portava delicado ramalhete de amor-perfeito[4] e, ao contrário do convencional, não fizera o cabelo no cabeleireiro, mas o deixara solto e esvoaçante. Caio vestia um terno de cor bege com camisa de tom mais claro e gravata um pouco mais escura. Ambos sorriam o tempo todo.

O juiz de paz, acompanhado de uma escrivã, procedeu ao cerimonial civil com gravidade, mas simpatia. Após as leituras de

[4] Viola tricolor

praxe, o vigoroso "sim" de Caio e o delicado e sorridente "sim" de Isabella, o beijo do casal e aplausos de todos, o Dr. Benini foi convidado a saudar os noivos. O médico, vestindo terno azul-marinho, camisa azul-clara e gravata em tom combinando, tomou a palavra e fez um belo pronunciamento:

O casamento, com raras exceções, é um reencontro de almas. Não falaremos, aqui, de reencontros que se tornam tristes desencontros, mas falaremos de dois seres humanos que se unem por amor.

Isabella e Caio são dois espíritos que há muitas encarnações se conhecem e voltam a se buscar. Novamente se encontraram com o auxílio dos seus anjos da guarda.

Já vivenciaram, em comum, situações de lágrimas e de sorrisos. Já trilharam caminhos difíceis em existências anteriores, mas, igualmente, trazem no seu inconsciente o registro de emoções agradáveis vivenciadas em conjunto.

Nos escaninhos de suas almas são muitos os momentos vividos lado a lado. Já contemplaram, abraçados, o nascer do sol e o cintilar das estrelas no céu.

Em vidas pretéritas, já foram crianças, jovens e velhos. Em outras vidas, podem ter sido apenas amigos ou parentes distantes, mas em outras existências sentiram a chama da paixão os envolver e construíram um lar, ninho de amor, onde aportaram outras almas afins.

Na busca contínua do crescimento espiritual, através de cada nova existência, hoje oficializam este reencontro de amor, para apoio, compreensão e fortalecimento mútuos. Ah, o amor! O amor é a poesia da vida, o combustível do carro da alma, o perfume no jardim da existência.

Queridos noivos, Isabella e Caio: vocês, daqui a momentos, embarcarão no navio do casamento, se afastando do cais do sonho para adentrar as águas profundas do oceano da vida. Nos imensos mares a serem navegados, poderão, às vezes, ser surpreendidos pelos rochedos ocultos da intemperança que ameaçarão a estrutura do barco do casamento, mas, se os tripulantes conduzirem o leme com a bússola do amor, as tempestades da jornada serão passageiras e sempre sucedidas por auroras de luz.

Sob o influxo afetivo de todos aqueles que os amam, possam vocês sentir sempre o vento perfumado a soprar da espiritualidade superior enfunando as velas do seu barco, para navegarem firmes nas águas cristalinas do oceano da vida, em busca do porto da felicidade.

Isabella e Caio: que a Luz Maior do Universo os acompanhe.

A tarde transcorreu extremamente agradável. O ambiente campestre oferecia um visual leve e suave. O desembaraço e a simpatia de Isabella, juntamente com olhar afetivo de Caio, ao percorrerem cada mesa dos convidados, transformaram a festa em um entrelaçamento familiar. Flávia e Linus, após se despedirem, caminhavam, de mãos dadas em direção ao carro de Linus, quando este se volta para a namorada e indaga.

— Então, vamos para o meu apartamento?

— Não, querido. Vou dormir na casa da Diva.

— Já sei, são os conceitos que você...

— Sem dúvida, o que não significa que eu não deseje. Mas só acontecerá quando eu tiver uma união definitiva e estável.

— *Mamma mia*, Flávia! Com Caio e Isabella não foi assim.

— Eles têm toda a minha compreensão.

— Bem, te deixo na casa da Diva.

— Querido, telefone-me dentro de uma hora.

— Vou telefonar. Eu te amo muito, sabe? – despediram-se.

Após uma hora o telefone toca no quarto de Flávia.

— Querido, que bom!

— Querida! Acenda o abajur, por favor!

— Meu abajur é teu sorriso!

— Desejo te ver toda iluminada, luminosa.

— Sempre me vejo envolta em luz, com o teu olhar. Como um sol particular aquecendo meu corpo.

— Você é como a linda lua que não alcanço, mas me emociono só em ver.

— Intocável.

— Inatingível... ainda.

— Mas tangível por lembranças do pretérito.

— Mas te sinto, pela luz que irradia. Luz de um amor sempre presente!

— Sei que você está comigo.

— Sim, minha querida. Estou sempre com você. Fico feliz que você saiba.

— E minha alma se agita.

— Minha alma se funde com tua alma.

— Confiamos no segredo de Pandora. Eu sei!

— A esperança que existe em nossos corações.

— Saberei esperar por um novo amanhã.

— Sim, em um amanhã que seremos totalmente um do outro.

— Um amanhã premiado de felicidades.

— Mas hoje já vivemos esta paixão e este ardor dentro de nosso ser.

— Venha, em sonho, vou te servir um licor.

— Beberei o licor olhando em teus olhos.

— De amoras vermelhas como o sangue que corre em nossas veias.

— Um licor doce, mas suave como lágrima de saudade.

— Suave! Como é a pele rosada do meu amor!

— Sim, de amoras... Como um desejo de ardente sabor!

— O sabor da nossa energia que se funde!

— Será inesquecível o gosto.

— Gosto de paixão.

— Gosto de amor!

— Gosto de você, gosto de nós.

— Querido...

— Querida. Quer casar comigo?Agora somos um.

— Meu amor, sim, quero ser sua mulher. Vamos voltar a ser quem somos, um pertencente ao outro.

— Como vou dormir agora?

— Continuaremos a nos ver em sonho.

— Sim, nos veremos em desdobramento astral.

— Desliga o abajur?

— Mas permaneço com a luz do teu olhar e do teu sorriso.

— Boa noite, minha noiva!

— Boa noite, meu noivo!

40

As alianças

Na manhã seguinte, Diva e Flávia encontraram-se na cozinha. Ambas demonstravam um semblante radiante de felicidade. Cumprimentaram-se sorrindo.

— Ina, querida, dormiu bem?

— Sim, mana. Estou muito feliz.

— Estamos. Nossos filhos vão constituir uma família e ambos nos dão uma relativa certeza de que saberão conduzir suas vidas.

— Sabe, Diva, ontem, além do casamento, sucedeu algo maravilhoso.

— Alguma novidade?

— Fui pedida em casamento.

— Que maravilha! – abraçou a amiga fortemente – Por que não me comunicaram? Poderíamos ter feito algo.

— Fui pedida por telefone. Ontem à noite!

— *Dio mio!* Não acredito! E como foi?

— Apesar de ter sido por telefone, foi lindo – Flávia narrou a sequência do diálogo encantador que vivenciara a noite anterior.

— Vocês tem um espírito poético que quase não se vê atualmente. Admiro isso. Sua postura com relação ao relacionamento íntimo antes do casamento também já não é usual. Mas concordo que deva ser assim.

— O que não significa não tenha eu os mesmos desejos.

— Sim, não duvido disso.

Interrompem a conversa, ao ouvirem a sineta da porta principal tocar. Diva se encaminha para atender.

— Linus! Que surpresa, tão cedo!

— Vim buscar minha noiva.

— Que alegria! Meu querido cunhado! – Diva o abraça afetuosamente. Linus retribui, dirige-se à copa, abraça e beija Flávia.

— Então, vamos sair para comprar as alianças?

— Quem disse que eu gostaria de usar alianças?

— Puxa, nem pensei nisso. Tradicional do jeito que você é, eu imaginei.

— Seu bobo! Vou adorar.

Linus e Flávia passaram o dia juntos. Compraram e colocaram as alianças. Marcaram o casamento para três meses após a data do noivado. Tempo necessário para definirem inúmeros detalhes: onde residiria o casal, Milão? E a vida junto ao Lago di Garda? Como Flávia se inseriria profissionalmente? Pietro ficaria só em Bardolino? Nesses três meses teriam muito a conversar. Linus à noite levou Flávia a Bardolino.

— O melhor da festa é esperar por ela – Flávia disse ao se beijarem na despedida. Mais uma vez, Linus teve que conter sua ansiedade.

41

Sonho e tristeza

FLÁVIA ACORDARA AO MEIO DA NOITE com o estranho sonho que tivera. Ensopada de suor sentia-se taquicárdica e arfante. Não pudera perceber, até aquele instante, se fora um pesadelo comum ou um desdobramento astral.

Acendeu a luz da cabeceira, o gracioso abajur que imitava fonte antiga, abriu lentamente seus belos olhos azuis, fixou o relógio e balbuciou:

— Três e quarenta... *Mamma mia!*

Acordada, livrou-se do excesso de cobertas, sentindo-se mais aliviada. Abriu completamente os olhos, procurando relembrar a longa e detalhada experiência onírica que experimentara. Havia sonhado com Diva. A amiga parecia desacordada e muito ferida.

Entretida com a rememoração do seu sonho, assusta-se com o soar do telefone. Contrafeita, ergue-se, abandona seus pensamentos e levanta o fone.

— Pronto!

Do outro lado, reconhece a voz da sobrinha e nora, Isabella.

— Tia Flávia, querida... estou ligando nesta hora...

— Isabella! Não se preocupe, estou acordada já há alguns minutos, tive um sonho estranho e...

Foi interrompida pelo choro do outro lado da linha.

— Isabella? O que aconteceu? Algum problema com Caio?

— Tia Flávia – disse, chorando e soluçando muito. Mamãe teve um acidente de carro...

— *Dio mio!!!* Como ela está, querida?

— Tia, ela bateu com a cabeça e não resistiu... faleceu.

— *Oh, Dio!* – Flávia chorou e soluçou também. – Em seguida, procurando apoiar a sobrinha.

— Isabella, minha querida, sinta todo o meu carinho. Viajo para Milão em seguida, para te encontrar. Quer falar um pouco agora?

Isabella retém o choro e, com voz embargada, acrescenta:

— Tia, tenho que avisar algumas pessoas ainda... obrigada pelo seu carinho... obrigada.

Flávia colocou o fone no gancho e sentiu desaparecer toda a emoção do seu sonho. Sentira a dor da perda da amiga e o sofrimento de Isabella.

Diva morta, isto parecia impossível. Lembrou-se do seu sonho. Diva parecia estar com a cabeça sangrando. Vira muitas pessoas ao redor, o carro caído em um barranco ao deslizar em uma enorme poça de óleo que acabara de se formar pelo vazamento de um caminhão-tanque. Com o coração pleno de amor, ergue seu pensamento ao alto e pronuncia sentida prece, emitindo ondas de luz em direção a Diva. Projetam-se, de seu chakra cardíaco e do coronário, energias de elevada frequência. Ideoplasticamente formam-se flores que se desmancham em pétalas perfumadas, ao caírem sobre o corpo astral de Diva.

42

A vida continua

Regina e Massimo deram apoio ao remanescente grupo de Diva. O intercâmbio com o SDS, Sentieri Dello Spirito, se intensificou. A grande e agradável surpresa foi o aparecimento do Dr. Benini, que assumiu voluntariamente a coordenação do curso de mediunidade. O médico percebera o quanto Diva faria falta ao grupo, caso não houvesse uma continuidade no mesmo nível, decidira então arcar com mais essa responsabilidade.

Isabella e Caio escolheram o nome para sua filha, Litera, nome de Diva na Roma do século de Augusto, homenageando a avó desencarnada. Ambos continuavam seus estudos tanto na universidade quanto na doutrina espírita, entremeando com uma intensa vida familiar junto a Pietro, Flávia e Linus. O jovem casal frequentemente se deslocava a Bardolino. A cidade, além de ser o berço do seu reencontro nesta encarnação, lhes oferecia o lago que lhes proporcionava um revigoramento nas energias.

Pietro continuava a estudar em Gênova, praticar seu excelente basquete e vinha assumindo, gradativamente, uma postura mais responsável em todos os aspectos. Seu interesse na bela filha do Dr. Benini era crescente e, aos poucos, notava uma correspondência na garota. Tinha, pois, muitos motivos para vir a Milão, a família e sua nova paixão. Este último fato determinou sua aproximação com os estudos espiritistas e, consequentemente, uma abertura de novos horizontes em sua mente.

Linus e Flávia participavam juntos de diversas atividades. Felizes e ansiosos aguardavam o dia do casamento que se avizinhava. Fariam as cerimônias em moldes muito semelhantes aos de Caio e Isabella. Uma reunião familiar e espiritual na véspera destinada aos íntimos, depois, o casamento civil com uma recepção aos demais convidados.

Flávia ainda residia à beira do seu amado lago. Após o casamento, passaria o casal a morar alternadamente nas duas cidades. Milano ofereceria novas oportunidades para sua arte e, por outro lado, Bardolino teria campo para um bom psicólogo como seu futuro marido. Depois, com o tempo, e de comum acordo, decidiriam se essa alternância de moradia e local de trabalho deveria permanecer.

O sonho de Flávia, acalentado há muitos anos, sempre fora fazer uma grande exposição, com obras de sua autoria, no castelo de Sirmione. Recebera há poucos dias o convite. Enfim, realizaria um dos seus maiores desejos. Estava a aprontar e selecionar as obras quando foi interrompida.

Eram quatro horas da tarde quando Flávia escuta a sineta tocar. Dirige-se à porta e recebe o carteiro. Este indaga se o endereço era aquele mesmo, já que destinatário e remetente eram incomuns. Flávia, curiosa, confirma e assina o recibo referente ao recebimento de uma caixa. Sorri quando lê o nome do remetente: Linus ou Plinius, Teu amor. Só então observou que no destinatário estava escrito: Flávia Flamínia, a Dama do Lago. Não se conteve e soltou um risinho maroto, pensando:

— Esse Linus, sempre criativo...

Abriu o pacote envolto em bela fita verde de cetim, marca

registrada de Linus, e deparou com um bilhete amoroso que terminava com os dizeres: "... Enfim, dentro de poucos dias estaremos a sós! Este é um presente para o momento mais esperado de nossas vidas".

Flávia rompeu o pacote. Envolto em papel prateado, havia um lindo chinelo de quarto, de salto alto, branco como a neve, aberto na frente, com uma tira fina de pele sintética também branca na região do dorso do pé. Ao lado outro pequeno pacote. Abriu e encontrou uma tornozeleira de strass. Outro bilhetinho dizia:

> *Querida, já que estamos vivendo uma adolescência, vamos vivê-la integralmente. No dia do casamento, vou te entregar o colar que perdeste no jardim das esmeraldas, quando éramos Plinius e Flávia Flamínia, lembra? Eu te amo!*
>
> *Linus*

41

Novo lar

NO MOMENTO DO ACIDENTE, Diva sentira-se um pouco tonta. A batida fora muito forte. Sua cabeça tombara e estava apoiada no volante. Apesar da intensidade do choque, já não sentia dor. A sensação assemelhava-se a estar num brinquedo de parque de diversões, girando. Disse para si mesma: "Desta escapei por pouco".

— Se eu tivesse desencarnado não poderia tocar o painel do carro, assim como vou apalpá-lo agora – estendeu a mão para tocar, não conseguiu; sentiu como se passasse as mãos através do velocímetro.

Sorriu ao lembrar-se de suas aulas no curso de mediunidade. Novamente, disse para si mesma:

— Ou estou desencarnando ou é uma alucinação pelo trauma craniano. Sentiu-se flutuando acima do seu corpo, olhando para ele à certa distância. Pensou que estaria em desdobramento astral consciente.

— Será que estou mesmo desencarnando? Não necessariamente, pelo choque provavelmente, saí do corpo. Flávia faz isso com frequência. Fláaaaaaaavia, onde você está? *Dio mio!* Devo ter morrido mesmo.

Sentiu que Flávia escutara o chamado e estava ao seu lado, percebeu pétalas de flores perfumadas caindo sobre ela. Imaginou que ambas pudessem estar projetadas extrafisicamente.

Nesse instante, alguns paramédicos a puxaram para fora do veículo. Sentia-se ora flutuando sobre o carro, ora tocarem seu corpo. Procurou alcançar as mãos do guarda rodoviário, mas, ao fazer isso, suas mãos passaram através do braço dele.

Sem compreender como, percebeu-se no interior de uma linda escada em espiral que ascendia, assemelhando-se a um túnel de luz. Um leve tinido ou vibração sonora acompanhava sua ascensão pela escada. Uma agradável presença luminosa a acompanhava.

A luminosidade permeava todo seu corpo, como fosse encharcada por uma chuva de luz. Percebeu nitidamente o sorriso do seu avô materno. Passou a vivenciar o histórico da sua vida inteira. Com velocidade, viu-se nascendo, depois como criança brincando e fazendo traquinagens com Flávia. Como adolescente, escondendo um cristal da mamãe que quebrara, estudando, namorando George. O nascimento da filha, a amizade com Regina, Massimo e o Dr. Benini, enfim, os mais significativos momentos da vida até o acidente.

— Não há dúvida – pensou – estou desencarnando. Preciso me situar melhor.

Fechou os olhos do corpo astral e orou, solicitando ajuda da equipe espiritual. Ao abrir os olhos, viu-se em um belíssimo jardim florido. Percebeu-se descalça pisando uma relva verde, clara e brilhante, seu rosto bafejado por uma brisa suave e agradável. Inalou o perfume das flores. Uma sensação de leveza e felicidade a envolveu.

Voltou a ver seu avô que agora vinha acompanhado de George. Ao vê-lo, chorou de alegria.

— George, meu amado viking! – descalça, correu em direção ao seu amado.

— Querida, estamos juntos outra vez!

Abraçaram-se demoradamente.

Fine!

Glossário

A4: Autoestrada de três pistas que liga Milão (Milano) a Veneza.

Agripa Póstumo: Importante patrício romano que, na época de Augusto, foi exilado de Roma pelas atitudes consideradas imorais e corruptoras dos costumes.

Ala: Diz-se, no caso, com relação a uma posição de jogador no basquete.

Albert De Rochas: Professor do Instituto Politécnico de Paris, pesquisador de regressão hipnótica. Escreveu a obra *Les vies successives*.

Alea Jacta Est: Expressão latina dita por Júlio César ao atravessar o rio Rubicon. Significa: A sorte está lançada.

Allan Kardec: Pedagogo e pesquisador francês que codificou as bases da doutrina espiritista.

Amor Universal: Maneira filosófica de designar Deus.

Anóxia: Ver hipóxia. Falta de oxigenação no sangue.

Amarena: Fruta silvestre italiana, muito utilizada em doces e sorvetes.

Arancia Rossa: Laranja vermelha, típica da Sicília, sul da Itália.

Armador (no texto): Uma posição específica de jogador no basquete.

Augusto: Ou César Augusto, nome que foi adotado por Octávio, considerado oficialmente como primeiro imperador de Roma.

Aura: Campo energético, geralmente colorido e luminoso que irradia de uma mente, espírito, organismo ou conjunto de seres.

Autogrill: Restaurante de uma rede, altamente organizada, que serve as autoestradas italianas.

Andrea Bocelli: Italiano, da Toscana, famoso cantor de músicas românticas e de diversos outros estilos.

Aurio Curriá: autor de CD de músicas de relaxamento.

Babbo: Papai em italiano.

Babbo Natale: Papai Noel em italiano.

Bambini: Expressão italiana para meninos, plural de bambino.

Bardolino: Cidade à beira de Lago di Garda.

Begônias: Planta ornamental colorida que impressiona pela beleza das flores.

Bérgamo: Antiga cidade gaulesa, hoje com 120.000 habitantes, situada na Lombardia, Norte da Itália.

Brescia: Cidade da Lombardia, Norte da Itália, de quase 200.000 habitantes. Seu castelo e suas muralhas são atrações turísticas.

***Buon Giorno!*:** Expressão italiana para bom dia.

Capadócio: Habitante da Capadócia, região da atual Turquia.

Carma: Do Sânscrito, significa ação. Usado, habitualmente, no sentido de denominar as questões não resolvidas trazidas em nosso inconsciente, relativas às vidas passadas.

Casamentos acidentais: Aqueles não programados espiritualmente.

Casamentos afins: Reencontro de duas almas afins.

Casamentos provacionais: Reencontro de duas almas que necessitam se reajustar.

Casamentos sacrificiais: União terrena entre um espírito superior e outro necessitado de auxílio.

Casamentos transcendentais: União entre dois espíritos ou almas superiores.

Castelo Sforzesco: Grande castelo milanês, situado no centro de Milão.

Cavalo de Troia: Cavalo de pau usado pelos gregos como surpresa para esconder soldados, na guerra de Troia.

Cestinha: Expressão para designar o jogador de basquete que consigna maior número de pontos num jogo.

Chakra cardíaco: Campo energético do corpo astral ou perispírito, situado sobre a região do coração.

Chakra coronário: Campo energético do corpo astral ou perispírito, situado sobre o cérebro.

Chakra genésico: Campo energético do corpo astral ou perispírito, situado sobre a região do aparelho reprodutor.

Cherry Plum: Floral descoberto pelo médico britânico Dr. Bach, utilizado por terapeutas para equilibrar diversas questões emocionais, tais como medo de perder o controle ou medo de enlouquecer.

Corpo astral: O mesmo que corpo espiritual, perispírito, psicossoma.

Corsia: Pista de autoestrada, em italiano.

Cláudios: Importante família de patrícios romanos, à época de Augusto.

Cleópatra: Rainha egípcia, derrotada por Octávio (Augusto).

Deuses lares: Espíritos protetores dos lares romanos, o mesmo que Penates.

Dana: Importante deusa da Hibérnia, atual Irlanda.

***Déjà-vu*:** Fenômeno no qual se tem a sensação nítida de já se ter visto algo ou alguém que vê pela primeira vez.

Dejaísmo: Estudo ou classificação dos fenômenos de *déjà-vu*.

***Déjà-vu* projetivo:** Quando se tem a sensação nítida de já se ter visto algo ou alguém que vê pela primeira vez, em função de prévio encontro em projeção astral ou viagem astral (fora do corpo físico).

***Déjà-vu* reencarnatório:** Quando a sensação do *déjà-vu* é em função do contato prévio ter ocorrido em vida anterior.

Desdobramento astral: Saída do corpo físico, em corpo espiritual. O mesmo que projeção astral.

***Dio Mio!*:** Em italiano: Meu Deus!

Doutora Fiore: Edith Fiore, norte-americana, pesquisadora de terapia Regressiva a vidas passadas, utiliza o método do *insight* ou percepção intuitiva.

***Depliant*:** Expressão francesa que se usa na Itália no lugar de *folder*, como se usa no Brasil, para determinados prospectos bem organizados de propaganda.

Ectoplasma: Substância exalada pelo médium. Sua manipulação inconsciente ou por inteligências externas determinam fenômenos físicos.

Egrégora: Aura energética ou campo energético irradiado por um ambiente.

Enéias: Filho de Vênus, deusa do amor, lenda tema de poesia do poeta Virgílio.

Espiritista: Adepto da filosofia e doutrina espírita.

EVP *(Electronic Voice Phenomenon)***:** corresponde ao aparecimento de vozes extras (paranormais), em fita magnética após uma gravação eletrônica.

Extrafísico: Relativo à dimensão espiritual.

Fábios: Importante e influente família romana à época de Augusto.

Fenício: Habitante da Fenícia, antigo país de grande comércio, de localização correspondente ao atual Líbano.

Fênix: Mitologia egípcia. Pássaro fabuloso que vivia vários séculos. Queimava-se numa fogueira e renascia das suas cinzas. Simbolicamente – pessoa rara e única no seu gênero.

***Fine settimana*:** Fim de semana em italiano. O mesmo que *weekend*.

Germano-real: Pato de pescoço verde existente no Lago di Garda.

Galeria Vittorio Emanuele: Tradicional e elegante galeria comercial no Centro de Milão.

George Meeck: Engenheiro, cientista, pesquisador da transcomunicação, inventor do aparelho Spiricom. Publicou trabalhos na Metascience Foundation Inc. Escreveu *Unlimited Horizons*.

Germânia: Região considerada bárbara pelos romanos. Corresponde, aproximadamente, à atual Alemanha. Na época de Augusto, lá foram dizimados exércitos romanos tais como a 19ª legião de 20.000 homens.

Getas bárbaros: Habitantes da região da atual Romênia.

Gênova: Importante cidade e porto, capital da Ligúria, norte da Itália.

Glossolalia: Vocalização sem sentido, mais comum em sonâmbulos, psicóticos ou fraude deliberada. Diagnóstico diferencial de xenoglossia (ver adiante).

Helena Petrovna Blavatsky: Nascida na Rússia em região que atualmente é Ucrânia, sistematizou a moderna teosofia e fundou a sociedade Teosófica.

Hibérnia: Nome que os romanos designavam à atual Irlanda.

Hiperconsciente: Ou superconsciente, região íntima e profunda do nosso ser onde haveria conexão com o ser superior do Universo.

Hipóxia cerebral: Falta de oxigenação no cérebro. Ver anóxia.

Homero: Poeta épico grego, muito apreciado pelos romanos, considerado o autor da Ilíada e Odisséia.

Horácio: Poeta da Roma antiga com veia irônica e contraditória.

Hotel Du Lac: Hotel situado à beira do Lago di Garda, na cidade de Bardolino.

Hotel Kriss Internazionale: Elegante hotel no Lago di Garda.

Ian Stevenson: Neuropsiquiatra norte-americano da universidade de Virgínia, pesquisador de MEC – Memória Extracerebral, escreveu o livro *Twenty Cases Sugestive of Reincarnation*.

IBPP: Instituto Brasileiro de Pesquisas Psicobiofísicas, fundado pelo Dr. Hernani Guimarães Andrade, pesquisador de MEC (Memória Extracerebral) e autor de Reencarnação no Brasil.

Ideoplasticamente: Imagens ou formas-pensamento criadas e plasmadas pela ideia, direcionadas mentalmente, por uma ou mais mentes.

Inconsciente: Região do nosso ser de que não temos percepção ou consciência. Também se usa para referir-se ao nosso espírito.

Insight: Percepção intuitiva de um problema, fato ou situação.

Ísis e Ilítia: Deusas que as mulheres romanas invocam para o ventre fecundo.

Junguerson (Friedrich): Em 1964, publicou *Vozes do Universo*, em português, *Vozes do Além*. Pioneiro da transcomunicação, em Mölbno, próximo a Estocolmo, Suécia, gravou acidentalmente vozes de pessoas falecidas entre gorjeio de pássaros.

Juventus: Time e clube de futebol de Turim (Torino, Itália).

Konstantine Raudive: Importante pesquisador de EVP –*Electronic Voice Phenomenon* – que corresponde ao aparecimento de vozes extras (paranormais), em fita magnética após uma gravação eletrônica.

Lampone: Framboesa.

Lago di Garda: Importante e turístico lago do norte da Itália, situado entre Milão e Verona.

Lazise: Cidade turística à beira do Lago di Garda. Possui muralha preservada.

León Denis: Francês, autor de inúmeros livros, dentre os quais *O Problema do Ser do Destino e da Dor.*

Lenocinium: Termo latino equivalente ao lenocínio. Mediação para servir à lascívia de outrem. Ato de estimular a corrupção ou prostituição de outrem.

***Lex de Adulteriis Coercendis*:** Lei, promulgada no tempo de César Augusto, que visava coibir o adultério e manter a unidade da família.

Lex Julia de Adulteriis: Severa lei, promulgada por Augusto, que visava punir o adultério, prática que se tornava comum em Roma.

Ligúria: Região da Itália. Gênova se situa na Ligúria.

Lucca: Cidade com muralha inteiramente preservada, situada na Toscana.

Luz Maior do Universo: Uma forma filosófica de se referir a Deus.

Macchina: Carro em italiano.

Macedônia: Antiga sede do Império de Alexandre o Grande, região sob domínio romano à época de Augusto.

***Madonna mia!*:** Expressão italiana que corresponde a Minha Nossa Senhora!

***Mamma mia!*:** Expressão italiana, literalmente, Minha Mãe! No Brasil, seria Nossa Mãe!

Manaus: Cidade, capital do Estado do Amazonas, Brasil.

Marco Antônio: Amante de Cleópatra, juntou seus exércitos aos dela e foi Derrotado por Octávio (Augusto) na batalha de Actium (31 a.C.).

Massimo: Nome real de um dos coordenadores do SDS – Sentieri Dello Spirito, em Milão, esposo de Regina.

Mecenas: Rico patrício romano protetor de artistas e poetas.

Mediunidade de Efeitos Físicos: Intercâmbio com a dimensão extrafísica no qual o médium exala ectoplasma e se produzem efeitos fisicamente observáveis por todos os presentes.

Memória Extracerebral (MEC): Memória de vidas passadas que não se situa no cérebro biológico, mas em nossas estruturas espirituais. A Universidade da Virgínia, nos Estados Unidos, possui prontuários de 2.000 crianças que se recordam de reencarnações anteriores.

Messala Corvino: Importante patrício romano e influente político à época de Augusto. Incentivador das obras de Ovídio.

Milão: Elegante cidade italiana, capital da Lombardia, famoso centro cultural.

Milano: Milão em italiano.

Milan: Time e clube de futebol de Milão, Itália, rival da Internazionale de Milão.

***Mirtilo*:** Fruta silvestre da Itália, muito utilizada em sorvetes, iogurte e doces.

***Mirtili*:** Em italiano, plural de Mirtilo (ver Mirtilo).

Octávio: Nome original de Augusto até 27.a.C. quando se considera que iniciou oficialmente o Império Romano.

Ovídio: Famoso e inteligente poeta italiano, à época de Augusto, Publius Ovidius Nasão, nascido em Sulmo, atual Sulmona, 43 a.C. região centro-sul da Itália. Imortalizou-se pela ousadia, licenciosidade e crítica aos bons costumes. Dotado de fácil comunicação, acabou sendo banido de Roma pelo crime de *Lenocinium*.

Ovóides: Espíritos que sofrem da patologia de ovoidização (ver abaixo).

Ovoidização: Patologia ou fenômeno de deformação anatômica que ocorre em espíritos. Isso sucede por uma ideia fixa ou monoideísmo determinando uma vibração em frequência única e repetida, acabando por deformar a estrutura energética do corpo astral, arredondando-a.

Panônia: Região da atual Hungria.

Paranormal: Fenômeno paranormal é todo aquele que não é habitual nem explicável pelos cinco sentidos humanos. Por exemplo: telepatia, clarividência.

Parque Simpione: Grande área verde e pública, próximo ao castelo Sforzesco no centro de Milão.

Pérgula: Ou Pérgola, caramanchão sustentado por colunas e coberto por traves que serve de suporte para plantas trepadeiras.

Per se: Ou *De per se*, expressão que equivale a Por si só, cada um por sua vez.

Piazza Princepe Amadeo: Praça localizada no centro de Bardolino.

Piazza Duomo: Praça da Catedral, no livro se refere especificamente à praça do centro histórico de Bardolino.

Pitágoras: Matemático e filósofo grego famoso pelo teorema do triângulo retângulo. Estudou e divulgou a teoria das vidas sucessivas que teria trazido do Egito.

Platão: Filósofo grego que conviveu com Sócrates por vinte anos. Em 387 a.C. fundou a Academia onde ensinava aos jovens. Acreditava na reencarnação e dizia que antes de renascer era necessário mergulhar no rio do esquecimento.

Plátano: Árvore mais comum em regiões temperadas, em especial no hemisfério norte, de grande porte, podendo atingir até 30 metros de altura. Utilizada, entre outras coisas, na arborização de ruas.

Pompéia: Cidade, à beira-mar do Império Romano, famosa como local de lazer e prazer. Recebeu emigração de egípcios e passou à história por ser destruída pelas lavas do vulcão Vesúvio.

Pompônios: Família influente de patrícios romanos.

Psicofonia: (psico + fonia). Designação de mediunidade na qual o espírito transmite ao sensitivo as ideias e este as expressa pela fala. A popular "incorporação".

Primeiro de abril: Dia, em alguns países, consagrado à mentira ou às brincadeiras envolvendo mentiras.

Projeção astral: o mesmo que viagem astral ou desdobramento astral ou ainda desprendimento astral. O indivíduo desloca-se, em corpo espiritual, para fora do corpo biológico.

Propércio: Poeta, amigo de Mecenas, escreveu muito, relatando a fase anterior à Lei *Julia de Adulteriis*, sua poesia *A porta* consta do presente livro.

Psicógrafo: Denominação dada ao médium escrevente que pode receber mecanicamente ou intuitivamente um texto ou mensagem.

Pozzuoli: Citada neste livro por ser uma das cidades da península itálica que recebeu muitos imigrantes egípcios no governo de Augusto.

Ptolomeus: Dinastia que governou o Egito por muitos anos.

***Ragazza*:** Garota, moça, em italiano.

RAI: Rede Italiana de Televisão.

Regina: Nome real da coordenadora do SDS – Sentieri Dello Spirito – Milão, Itália. sds@sentieridellospirito.it

Regressão: Método de tratamento, principalmente de problemas emocionais, onde Em que o paciente é induzido a buscar no seu inconsciente, desta vida ou de vidas passadas, as causas ou origem de suas dificuldades. O mesmo que Terapia Regressiva.

Reencarnação: Ato de reencarnar. O mesmo que renascer, nascer de novo.

Reiki: Terapia energética de origem japonesa, onde o terapeuta absorve energia cósmica e a veicula pelas mãos, direcionando-a aos chakras do paciente.

Raymond Mood Jr.: Médico norte-americano, pesquisador do fenômeno de quase morte, (Out of Body experience), estudou 150 pacientes que tiveram morte clínica e, ao retornarem a consciência, narraram que se viram fora do corpo biológico, em corpo espiritual.

Roma: Capital do Império Romano e, atualmente, capital da Itália.

S249: Estrada que margeia o Lago di Garda.

SDS: Abreviatura de Sentieri Dello Spirito. Bem organizada entidade Espiritista de Milão. E-mail sds@sentieridellospirito.it

Saint James Park: Parque público em Londres, arborizado e apresentando grande número de aves soltas.

Sentieri Dello Spirito (SDS): Entidade coordenada por Regina Zanella e seu esposo Massimo, dedica-se, principalmente, ao estudo da filosofia, ética-moral e ciência espírita. E-mail sds@sentieridellospirito.it

Sicília: Importante ilha ao sul da Itália.

Sirmione: Pitoresca cidade à beira do Lago di Garda. Centro turístico.

Skoda: Marca de carro produzido na República Tcheca.

Smart: Modelo de carro para apenas dois ocupantes.

Sócrates: Grande filósofo grego, do século de Péricles, também aceitava a reencarnação. Celebrizou-se pela frase "Homem conhece-te a ti mesmo".

Sonhos Reflexivos: Sonhos que são recordações ou reflexos do passado, tanto desta vida como de vidas anteriores.

Springfield: Cidade nos Estados Unidos onde foi criado o jogo de basquete em 1891.

Spiricom: Aparelho inventado por George Meeck e William Hohn O'Neil com o qual efetuaram transcomunicações instrumentais, ou seja, com o mundo extrafísico.

Stella alpina: Estrela dos Alpes, versão italiana do Edelweiss, em português, edelvais. Flor alva em forma de estrela, própria das grandes altitudes.

Subconsciente: Região do nosso espírito (inconsciente) cujos registros estão mais próximos da consciência.

Transcomunicação Mediúnica: O mesmo que mediunidade.

Ticino: Rio situado no norte da Itália que atravessa a cidade de Pavia.

Toscana: Região da Itália onde se encontram cidades como Pisa, Lucca, etc.

Teosofista: Adepto da teosofia, filosofia espiritualista sistematizada por Helena Blavatsky, que aceita a reencarnação. Annie Besant foi a mais famosa teosofista.

Teócrito: Poeta grego, considerado natural de Siracusa. Escrevia muito sobre pastores e a vida rural da Sicília.

Taquicardia: Aceleração do batimento cardíaco.

Terapia Regressiva: Ver ***Regressão.***

Tertúlia: Reunião de amigos em debate cultural ou literário.

Tíbulo: Ilustre poeta, do século de Augusto, protegido de Messala e esmerado na poesia erótica romana.

Transcendental: Relativo ao mundo espiritual, a outra dimensão, ao extrafísico. Transcomunicação Instrumental - Pesquisa com aparelhos com os quais se estabelece comunicação com o transcendental, ou seja, com o mundo extrafísico. O pioneiro foi Junguerson na Suécia.

Universidade da Virgínia: Universidade norte-americana onde o Dr. Ian Stevenson pesquisou e documentou a MEC – Memória Extracerebral – que são recordações espontâneas de vidas passadas, em 2.000 crianças.

Upim, Benetton e Rinascente: Três importantes redes de lojas comerciais.

Via: Rua em italiano.

Via Certosa: Importante Rua em Milão que dá acesso ao centro da cidade.

Via Lungolago Cipriano: Rua à beira do Lago di Garda, na cidade de Bardolino.

Via Machiavelli: Rua onde se situa o SDS.

Viola Tricolor: O mesmo que amor-perfeito.

Vini Guerrieri Rizzardi: Casa comercial de vinhos, situada no centro de Bardolino.

Virgílio: Poeta da Roma antiga que apreciava expor temas filosóficos, épicos e religiosos em suas poesias. Usava a repetição, às vezes exaustiva, o solene hexâmetro.

Vitacontinua: Revista publicada em Milão, Itália, sob coordenação de Regina Zanella do Sentieri Dello Spirito. E-mail sds@sentieridellospirito.it

Xenoglossia: (xeno = estrangeiro, glossia = língua). Denominação dada à mediunidade na qual o sensitivo fala ou escreve em língua estrangeira.

SUCESSOS

InteLítera
EDITORA

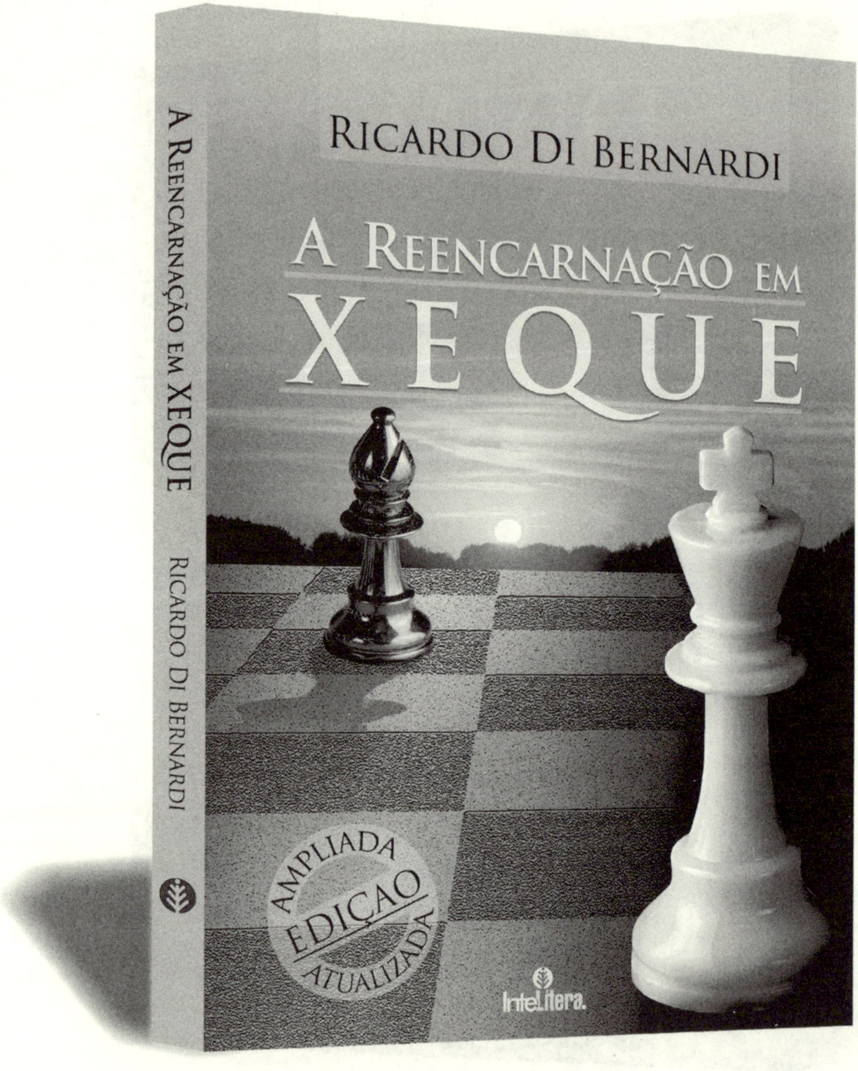

A Reencarnação em Xeque
Ricardo Di Bernardi
16 x 23cm, 208 páginas
Instigante, audaz, questionador.
O autor colocar a reencarnação na berlinda com o propósito de fundamentá-la em todos os seus aspectos controversos.

7ª EDIÇÃO AMPLIADA E ATUALIZADA
RICARDO DI BERNARDI
GESTAÇÃO
SUBLIME INTERCÂMBIO
InteLítera

Este livro foi impresso na
LIS GRÁFICA E EDITORA LTDA.
Rua Felício Antônio Alves, 370 – Bonsucesso
CEP 07175-450 – Guarulhos – SP
Fone: (11) 3382-0777 – Fax: (11) 3382-0778
lisgrafica@lisgrafica.com.br – www.lisgrafica.com.br